W0470041

FRANCKIE ALARCON

Die Geheimnisse von Schokolade

EINE REISE INS ATELIER DES PARISER CHOCOLATIERS JACQUES GENIN

CARLSEN

Ein großes Dankeschön an Jacques Genin für seine Hilfsbereitschaft, seine Großzügigkeit und seine Schokolade!

Weiterer Dank ...
An Stéphane Bonnat für eine unvergessliche kakaotisierte Reise von Voiron nach Peru
An Yannick Lejeune, der mir das Leben, Schlafen, Essen und die Schokoladenträume ermöglichte
An all die tollen Schokoladenfreaks: Sophie für ihre Geduld und den Einzelunterricht im Atelier von Jacques, Ingrid für ihren wachsamen Gaumen und die scharfe Feder, Elisa für ihre wertvollen Tipps und ihren tollen Humor, und die Awajuns für die einzigartigen gastronomischen und kulturellen Erlebnisse
An die Mannschaft von Jacques Genin, dafür dass sie mich ein Jahr lang an ihrer Leidenschaft und ihrem Savoir-faire hat teilhaben lassen
An Vanadis und meine anderen Reisebegleiter in Peru
An Mama und Mamie für ihre schokoladigen Erinnerungen
An meine Schwester für die mexikanischen Übersetzungen
An Marilyne für ihre Hilfe, ihr Talent und ihre Unterstützung in diesem Jahr der gastronomischen Entdeckungen!

Carlsen Comics News
Jeden Monat neu per E-Mail!
www.carlsencomics.de
www.carlsen.de

MIX
Papier aus verantwortungsvollen Quellen
FSC www.fsc.org FSC® C002795

Carlsen-Bücher gibt es überall im Buchhandel und auf carlsen.de

LES SECRETS DU CHOCOLAT, Franckie Alarcon
© Éditions Delcourt – 2014
Aus dem Französischen von Hans Kantereit
© Carlsen Verlag GmbH · Hamburg 2015
Redaktion: Sabine Witkowski
Herstellung: Bettina Oguamanam
Lettering: Christian Maiwald
Druck und buchbinderische Verarbeitung: Livonia print, Riga
Alle Rechte vorbehalten
ISBN 978-3-551-76307-5
Printed in Latvia

12. Dezember 2013
Mein erster Tag in der Schokoladen-manufaktur von Jacques Genin.
IM PARADIES!
Ein Traum wird wahr ...

Alles begann 1979 ...
Brot + gesalzene Butter + Schokoladenpulver
1981
Österliches Schokoladewett-schenken zwischen Oma Marie und Tantchen Mie!
Wie moutik* er doch ist!
Danke!
*süß auf Bretonisch
1986 Entdeckung des Gipfels des Schokoladengenusses (und der Magenverstimmung) mit »Pyrénéens«!
RÜLPS!

1987 – 1993
Ich bin süchtig nach einem bestimmten Schoko-Zitronenkuchen, den ich mir zu jedem Geburtstag wünsche!
Kleine Zuckerperlen mit Zitronengeschmack, die wie Mimosen aussahen!
METALLICA
19
Schokoladenglasur, die beim Anschneiden geknackt hat!!
Drinnen Biskuit und Zitronencreme.
2005
Schwarze Schoklade mit 70% ist mein tägliches Doping.
Noch ein Bild, und dann gibt's wieder ein Stückchen!!
70%
2011 Erste Begegnung mit Jacques Genin für ein Buch über Gastronomieberufe. Geschmacksexplosion dank SAINT-HONORÉ-Törtchen!
Und?
Mein GOTT, ich ...

September
2013 Mittagessen mit meinem Verleger. Mein nächstes Buch wird von Schokolade handeln!
CAFE DES MUSÉES
Guten Tag, Yannick!
Hallo! Franckie, kennst du Jacques schon?
Ja! Guten Tag, Jacques! Wir sind uns vor zwei Jahren schon mal begegnet.
Tatsache? Ich kann mich nicht erinnern.
Aber ich hab ihre Patisserien nicht vergessen!
Ich hab euch in meine Kantine eingeladen.
Ich komm nur wegen des Kochs hierher!
Sie kennen sich aus, Sie waren doch selber Koch, oder?
Ich war 23 Jahre Koch, bevor ich SCHOKOLADEN-SCHMELZER geworden bin!
Schokoladenschmelzer, nicht Chocolatier?
NEIN! Ich bin kein Chocolatier!
Ich schmelze die Schokolade und verarbeite sie zu Pralinen oder Patisserien.
Ich erfinde nichts neu, ich entwickle traditionelle Rezepte der französischen Patisserie weiter.

All die Schokoladenpralinen und die Fruchtgelees, die du machst, sind also deine Kreationen?
Nein, nein, nein! In der Küche macht man keine Erfindungen, die Basis existiert immer schon.
Ich bin Handwerker. Mehr nicht. Künstler sein, das bedeutet mit einem weißen Blatt beginnen und etwas erschaffen.
Ich habe Freunde, die Comics zeichnen, Bilal und Schuiten. Deren Pinselstrich erkennst du sofort.
Und die, die sind wirklich Künstler.
Wouw! Sie sind mit Bilal befreundet!! Der hat mich dazu inspiriert, Comics zu zeichnen, als ich 13 war!
Ja doch. Aber jetzt hör mal auf, mich zu siezen!
Zwei Stunden später ...
Die Türen zu meinem Atelier stehen dir offen. Komm, wann du willst, brauchst nicht vorher anzurufen, okay?
RRROoooo
ZZZZZzzz
SCHOKOLADE Pffl
JACQUES
RRRRRRR

12. Dezember 2013. Weihnachten rückt näher und alle Chocolatiers bereiten sich auf eine der beiden wichtigsten Zeiten des Jahres vor. Eine gute Gelegenheit für mich, Jacques mitten in den Vorbereitungen für die Feiertage zu besuchen!
Guten Tag.
Guten Tag.
Äähh ... ich bin der Zeichner ... Ich komme, um einen Comic über Monsieur Genin zu machen!
Ach ja. Monsieur Genin hat von Ihnen gesprochen. Zeichnen Sie mich auch?
Gehen Sie einfach hoch, alle sind im Atelier.
O.k. Danke!
Oh, là, là! So riecht Schokolade!
Hyper-elegante Treppe!

Es ist ein unfassbares Erlebnis!
Es brodelt, es fließt, Berge von Schokolade
und der Duft von Kakao benebeln mein Hirn.
Jacques Genin ist einer der wenigen Meister, die ihr Atelier
gleich über den Verkaufsräumen haben.

Guten Tag ...
Ah! Hallo, Franckie.
Da bist du endlich!
Fühl dich wie zu Hause! Schau dich um, stell deine Fragen, probier, was du willst!
Was ... ich will, wirklich!?
Sind Sie sicher?
Und ich möchte dir Sophie vorstellen, meine rechte Hand und Stellvertreterin.
Guten Tag!
Du bist also der Zeichner?
Zeichnest du mich auch?
Komm, ich zeig dir den Rest des Ateliers!!
Miam...
Dies hier ist die heiße Abteilung!
Guten Tag!
Hier wird der Blätterteig gemacht und der Mürbeteig, die Ganaches, Nougatpralinen, heiße Schokoladen ... Und hier werden Kuchen gebacken!

Hier, im kalten Raum, werden die Ganaches und die Nougatpralinen gezogen ... Hier lagern auch die Pralinen, wenn sie fertig sind!
Pass auf! Das muss überall gleichmäßig dick sein.
Ja, Monsieur!
BUREAU

Und der Hauptraum, wo wir unsere Schokoladen entwickeln, von Hand herstellen und verpacken ...

Und hier eine Auswahl unserer Schokopralinen, Tafeln, Trüffeln,
Der schöne Dunkle (schwarze Ganache, und zwar richtig schwarz)
schwarze Schokolade mit sizilianischen Pistazien
Caféérie (schwarze Ganache mit Milch und Kaffee)
Arabiacadabra (schwarze Ganache mit Kaffee)
Rousse (schwarze Ganache mit Zimt)
Menthe amante (schwarze Ganache mit Minze)
Basilic instinct (schwarze Ganache mit Basilikum)
Coumarine (Ganache mit Milch und Tonkabohne)
Secret de Chine (Ganache mit Tee und Milch)
Orangen- und Zitronenstäbchen (Orange und Zitrone bis zum Abwinken)
Zinzibar (Ganache mit Milch und Ingwer)
All die Schokoladen! Wahnsinn!

Mandel- und Nusspralinen und anderer Leckereien ...
Hhm, dieser Duft nach Limette!
Limetten-praline
kleine, ziemlich gehaltvolle Trüffel!
Délisse (Ganache mit Lakritz)
Mandelpraline
schön garniertes Mendiant
kandierter Ingwer, von Schokolade gebändigt
Orientexpress (schwarze Ganache mit Kaffee und Kardamom)
Miam miam!
Die Trüffel!
knackiger Rocher mit karamellisierten Mandeln
Orangélique schwarze Ganache mit Orange)
Vollmilchschokolade mit Mandeln
schwarze Ganache mit Szechuanpfeffer
Sie machen wirklich einen tollen Job!
Haha! Danke!

So, jetzt wo du alles gesehen hast, musst du nur noch deinen Comic zeichnen!
He, was ist das denn?
Probier mal. Das ist etwas Neues, an dem ich gerade arbeite.
Mhhhm... das ist gut!
Nein, das ist nicht gut. Es ist noch nicht perfekt!
Wir arbeiten schon zwei Monate an dem Rezept, aber wir haben es bald!!
Es ist ein Nougat mit Schokolade, Ingwer und Pistazien.
Wenn man zu viel Schokolade nimmt, überlagert man den Geschmack des Nougats.
Und die Textur muss im Mund möglichst fest bleiben!
Und der Ingwer darf die anderen Aromen nicht überdecken!
Es ist alles eine Frage des Gleichgewichts zwischen Textur und Geschmack!
Manchmal hat man ein Rezept in null Komma nichts.
Aber das hier verlangt eine Menge Arbeit, Aufmerksamkeit und Sturheit!
Ich weiß, dass wir auf dem richtigen Weg sind ...

Leider wird es zu Weihnachten nicht fertig sein!
SCHWUPPS!
Wirklich?
Aber Sie haben Spezialitäten für die Feiertage zum Jahresende?
Aber natürlich! Ich erneuere gerade einen großen Klassiker!
Magst du Maronen?
Ähh... nicht so gern.
Haha! Ich bin sicher, ich kann dich noch umstimmen!
Komm, wir besuchen mal die Mädels.
So, die Damen, wie geht es unserem Weihnachtskuchen mit Maronen?
Gut, Monsieur!
Mmh... mal sehn!
Messer!
Hier, Monsieur!
Danke, Jessica!

Also ...
ZACK!
Die Flockage des Kakaos, okay ... der Boden ist sehr gut, das Sabayon auch ...
... aber mit den kandierten Maronen warst du nicht großzügig genug!
Du musst mehr Maronen rantun, sonst wird's nicht wirklich lecker!
Es ist Winter, wir müssen die Herzen der Menschen auf-wärmen!
Man darf sie aber auch nicht unnötig belasten!
Einverstanden?
Ja, Monsieur ...
Für sie ist das nicht von Bedeutung, sie kommt aus Australien: Den Winter kennt sie nicht ...
Sie verbringt Weihnachten am Strand ... aber für uns ist es die Zeit, sich zusammen mit der Familie aufzuwärmen!
Alle mal herhören! Jessica kennt den französischen Winter nicht, wir müssen ihr auf die Sprünge helfen!
Erzählt ihr, wie man die Weihnachtstage bei uns verbringt!
KLAPP KLAPP
Okay?
Klar, Monsieur.

So, jetzt probierst du mal das hier!
KRRT KRRT
Bitte!
Hhm, das riecht nach Rum!
Okay! Sie haben mich mit dem Maronenkuchen versöhnt!
Da war ich mir sicher. Es hängt eben alles von der Qualität der Produkte und der Art der Zubereitung ab!
Er ist ein großer Klassiker der Patisserie, aber vorher hab ich ihn überhaupt nicht gemocht ...
Er ist auch oft schwer, aber ich hab ihn mal anders gemacht ...
Normalerweise ist Butter drin. Bei mir kommt keine rein!
Der Kuchen ruht auf einem schön weichen Biskuitboden!
Das Herzstück sind ein Sabayon aus Maronenpüree und eine Maronenpaste.
Und ein paar glasierte Maronen, damit's richtig lecker wird!
feines, leichtes Sabayon
feine Schicht aus Kakaopuder
Boden: Biskuit auf der Basis von Mandeln und Haselnüssen
Ähm... kann ich noch eins haben?

Zum Abschluss dieses schokoladigen Tages schlägt Jacques vor, ich solle ihm bei einem Rezept assistieren, das besonders gut in die Jahreszeit passt!

Kleiner Tipp:
Es lohnt sich, sie am Vortag zuzubereiten!

Also, um mehrere Leckermäuler glücklich zu machen, brauchen wir:

Zuerst hackst du die Schokolade in feine Stückchen und ich bringe die Sahne zum Kochen.
Bloß nicht in die Finger schneiden!
TSCHAK TSCHAK TSCHAK
Du gibst die gehackte Schokolade in die Salatschüssel und gießt die Sahne drüber.
Echt einfach!
Du lässt alles fünf Minuten schmelzen, dann rührst du mit dem Schneebesen sanft von innen nach außen.
Anschließend lassen wir alles bei Raumtemperatur drei Stunden abkühlen!
Gut, und jetzt befüllst du den Spritzbeutel!
GLOUPS!
Vorsichtig, du verteilst es ja überall!!
Jetzt machst du kleine Kugeln von der Größe einer dicken Haselnuss, die lassen wir über Nacht bei Raumtemperatur trocknen.
Und mach sie gleichmäßig, sonst machst du's nochmal!
Mein erstes Mal mit einem Spritzbeutel!
Ich dachte, du kannst kochen!
Backpapier
Am nächsten Tag rollen wir unsere kleinen Kugeln durchs Kakaopulver!
Und falls ein Leckermaul nicht gleich alles verputzt: Kühl und luftdicht aufbewahrt bleiben sie zehn Tage lang frisch!
Aber normalerweise verschwinden sie schon vorher!
Hähä …

Eine Hölle namens Spritzbeutel

Zuerst die Hardware:

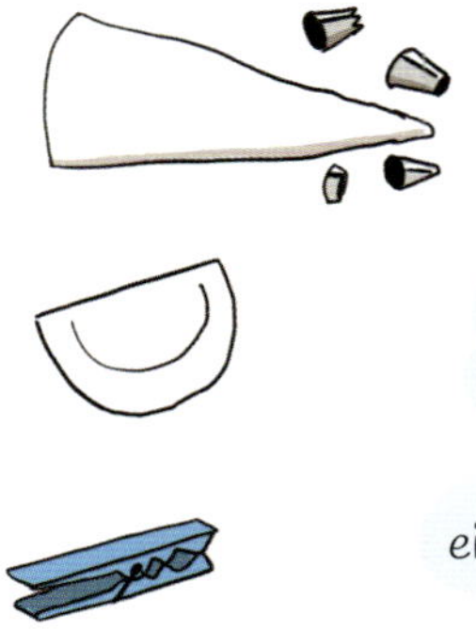

- ein Beutel samt Tüllen
- ein Teigschaber
- eine Wäscheklammer

(1) Erst die Düse einführen und dann die Spitze des Beutels abschneiden

(2) Dann die Spitze des Beutels mit der Wäscheklammer abklemmen

(3) Schlagen Sie die Ränder des Beutels um.

(4) Mit dem Teigschaber eine ordentliche Menge Material aufnehmen …

(5) … und den Beutel gut füllen und ihn oben mit dem Zeigefinger zuhalten.

(6) Komprimieren Sie die Masse, indem Sie den Beutel zusammendrehen.

(7) Den Beutel umdrehen und die Wäscheklammer entfernen.

(8) Durch Drehen und leichten Druck die Masse vorsichtig herauspressen.

19 Uhr. Nach diesem Einführungskurs treffe ich Jacques in seinem Atelier wieder.
Ah, du schon wieder!
Also hat dir die Arbeit mit der Schokolade gefallen?
Haha! Klar, das war echt gut!
Aber es ist verdammt anstrengend, den ganzen Tag im Stehen zu arbeiten.
Normalerweise sitze ich am Zeichentisch ...
Alles eine Frage der Gewohnheit!
Warte, probier mal den, dann geht's dir gleich besser!
Was ist das?
Ein sehr alter Cognac.
1950.
Wouw!
Mit dem mach ich meine Muscadines*!
1950
SNIF! SNIF!
Hhmm!
Er riecht sehr stark, aber auch extrem fruchtig!
*Muscadines sind mit Alkohol aromatisierte Trüffel.
Hey, Jungs! Wollt ihr ohne mich anstoßen?
GLUCK!
Ah, Sophie, gesell dich zu uns!

Und, kannst du jetzt Trüffel machen?
Haha! Mit verbun-denen Augen!
Wenn wir mehr Zeit haben, zeig ich dir noch ein paar andere Sachen!
Ich bin dabei!
Und du, Sophie, wie bist du zur Schokolade gekommen?
Oh, là, là! Das ist eine lange Geschichte!
Kurz gefasst könnt ich sagen, ich hab festgestellt, dass ich mich in der Schule langweile und, anstatt fürs Abi zu pauken, viel lieber lernen würde, wie man mit Schokolade arbeitet.
Also habe ich Fachabitur gemacht.
Und danach alle Chocolatiers von Paris angerufen. Aber nachdem ich bei Monsieur Genin gewesen bin, habe ich alle anderen Termine abgesagt.
In seinem Atelier arbeiteten nicht zu viele Leute, es ging persönlich zu ...
Aber gleichzeitig konnte man sich dort entwickeln ...
Das war vor 13 Jahren im 15. Arrondissement!!
Und du, Jacques, seit wann beschäftigst du dich mit Schokolade?
Ich? Das dürften jetzt 17 Jahre sein!
Aber kommt mal mit. Darüber redet sich's besser bei einem Gläschen!

Wie war das bei dir am Anfang?
Ich habe an jede Tür geklopft und zwei Jahre lang für Events gearbeitet!
Als Koch warst du damals ja schon einige Jahre anerkannt.
CAFÉ DES MUSÉES
Glaub mir, wenn ich morgen aufhöre, hat die Welt mich in zwei Jahren vergessen.
Also ich, ich werd nie vergessen, wie das war, als ich das erste Mal dein Saint-Honoré probiert hab ...

Guten Abend, Adrien. Einen Tisch für drei bitte!
Guten Abend, Jacques!
Aber natürlich, kein Problem!

Ooooh, Jaaaacques!! Du hier? Trinkst du ein Gläschen mit uns?
Jacques!
Tut mir leid, Mädels, nicht heute Abend!
Wouw! Er ist ja ein Star!
Jaja, das ist der „Glanz"!

Adrien, eine Flasche Rouge-Queue bitte!
Geht klar, Jacques!
TIPP TIPP
Voilà!
Aber ist das nicht der Wein von dem Winzer aus „Bauer sucht Frau"?
Aahh, ich seh, du kennst dich aus! Ich find ihn großartig, er trinkt sich ganz von alleine! Das ist fast schon problematisch!
Prost!
KLING!
KLING!
Gibt es etwas, das du mir über den Zusammenklang von Wein und Schokolade beibringen möchtest?
Oh ja! Aber das machen wir gemeinsam, sonst bleibt es nichtssagend!
Wenn ich dir die richtigen Sachen zum Probieren gebe, spürst du den perfekten Zusammenklang.
Also ich behaupte, es gibt keinen perfekten Zusammenklang!!
Einmal im Leben habe ich den perfekten Zusammenklang erlebt!
Ich meine: Zwei gute Produkte im richtigen Moment, das ist der BESTE ZUSAMMENKLANG!
Hast du schon mal Château d'Yquem mit Roquefort kombiniert? An dem Tag, an dem ich dich das probieren lasse, wirst du mir die Füße küssen!!

Yquem und Rocquefort haben beide eine edle Fäule!
Und Schokolade ist auch eine edle Sache?
Hängt davon ab, wie man „edel" definiert ...
Ich muss dabei immer an reiche Leute denken, die Sachen edel nennen, weil nur sie sie sich leisten können. Ich mag das nicht!!
Schokolade ist sinnlich, nicht edel.
Sie wird so lange etwas Außergewöhnliches bleiben, wie man Kakaobohnen nicht im Gewächshaus ziehen kann.
Es sind die Seltenheit und die Sinnlichkeit, die eine Sache edel machen.
Man verkauft uns die Schokolade als eine extrem sinnliche Sache ...
... aber sie ist gleichzeitig Naschkram für Kinder!
Welche Schokolade hast du denn gemocht, als du klein warst??
Ich? Ich hatte eine Scheibe Brot mit Schweineschmalz und Salz!
Das ist nichts, woran man sich gerne erinnert ...
Schokolade kannte ich nur aus dem Schaufenster.

Du hattest noch nicht mal Schoko-mandeln?
Bist du des Wahnsinns? Ich hatte noch nicht mal eine Ecke Schokolade!! Ich konnte, was diese Sachen angeht, höchstens ahnen, wie sie schmecken!
Ich stand vor den Schaufenstern der Konditoreien und Patisserien und hab mir gesagt: „Eines Tages gehört das alles mir!"
Und als dann meine Tochter auf die Welt kam, da hat's bei mir klick gemacht. Ich habe beschlossen, dass sie die schönsten Geburtstage feiern wird, die es gibt!
Und begann, mich mit Schokolade zu befassen!
Ich bewarb mich beim Maison du Chocolat, um alles darüber zu erfahren ... aber sie haben mich als Chef-patissier eingestellt!
In den vier Jahren dort habe ich rein nichts über Schokolade gelernt ...
Also hab ich mein Atelier aufgemacht. Mein erster Kunde war gleich das Plaza Athénée ... Und ich hatte noch nie Schokolade gemacht!
Autsch! Das ist eine ungewöhnliche Geschichte! Hahaha!
Ja, daraus musst du einen Comic machen!
Hahaha! Ja, man könnte sogar eine Serie draus machen!
Hehe, ja!
Die Abenteuer von Jacques Genin: „Der Schoko-ladentempel" ...

DIE SCHOKOLADEN

VON DER NASCHEREI

Mein zweiter Tag bei Jacques Genin. Es ist 11 Uhr 30.
Alle sind sehr geschäftig, geredet wird nicht viel, die Ausnahme macht Jacques, der sein Telefon nicht aus der Hand legt.
Deshalb drehe ich eine Runde durch das Atelier und schau mir die verschiedenen Arbeitsplätze an.
Die Schokogussmaschine, die ich die kleine Drehtür der Schokolade nenne.
Hier wird weißer Nougat gemacht.
Da ist das Karamell genau auf dem Siedepunkt.
Rosmarin wird gezupft.
Es riecht sehr stark und sehr gut!
Im kalten Raum werden Ganaches gezogen ...
Hier lagern auch die Weihnachtsschokoladen ...
Aber die meisten arbeiten in der Verpackungsabteilung, in der komplett von Hand verpackt wird!
Verpackung von Tafeln
Verpackung von Nougats

?
SSKRTSCH! SSKRTSCH!
Na, kommst du voran?
Iiiiigh!
RATSCH!
Oha, hast du mich erschreckt!
Ja, es geht; ich mach Notizen.
Ich hab mich gefragt ... was Charles wohl mit dem Rosmarin macht?
Charles? Der bereitet eine Praline vor, eine wie diese.
Er zupft den Rosmarin und gießt ihn mit Butter auf.
Aha? Da ist also Butter in der Praline?
Ich dachte, die wäre nur in den Ganaches ...
Sicher nicht! Komm mal mit, ich erklär dir die Unterschiede!!

Pralinés

Pralinés bestehen aus karamellisierten Nüssen, die zerkleinert und zu einer Masse verarbeitet werden. Dieser wird Butter und Milchschokolade hinzugefügt.

Wenn man eine Limettenpraline möchte, weicht man die Zesten 24 Stunden in Butter ein.

Für ein klassisches Praliné gebe ich den Nougat in eine Schüssel und vermische ihn mit weicher Butter.

Ich gebe Milchschokolade dazu, die auf 30 Grad erhitzt wurde.

Anschließend gieße ich die Masse in meinen Rahmen und verteile sie.

Wenn die Masse beim Verteilen mehr als 26 Grad hat, wird sie körnig. Die Raumtemperatur darf 20 Grad nicht übersteigen!

Ist die Masse trocken, hat man eine schöne glatte Platte, auf die ich zwei Schichten Chablon gebe, damit das Fett gut abgeschlossen ist.

Chablon: dünne Schicht aus Milchschokolade

Wenn die Chablonschichten fest sind, schneidet man den Nougat mit Hilfe der Gitarre in kleine Quadrate.

Letzter Schritt: Ich lasse sie mit schwarzer Schokolade und Milchschokolade durch die Schokogussmaschine laufen.

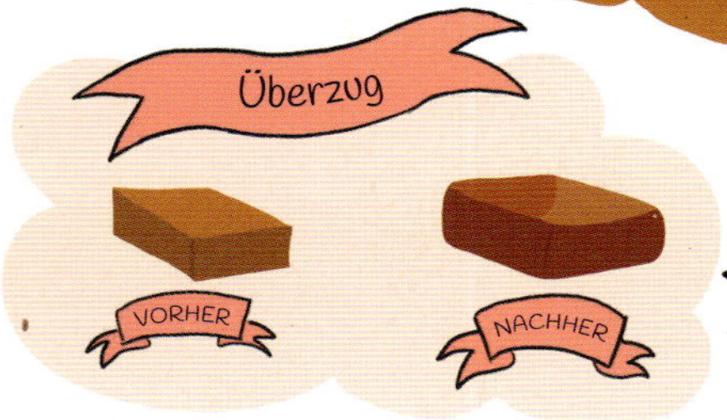

Ganache

Eine Ganache ist eine Mischung aus schwarzer Schokolade und Sahne.

Für eine Estragon-Ganache zum Beispiel lasse ich Letzteren in aufgekochter Sahne ziehen. Diese erhitze ich noch mal, gieße sie durch ein Sieb und gebe sie über die Schokolade.

Wenn die Mischung schön glatt ist, kann ich sie in meinen Rahmen gießen.

Am nächsten Tag überdecke ich die Ganache mit einer schützenden Schicht Chablon, damit sie in der Schokogussmaschine nicht schmilzt.

Wenn der Chablon trocken ist, zerteile ich die Ganacheplatte in große Quadrate und lasse sie eine Nacht trocknen ...

Am Tag darauf zerteile ich sie in kleine Rechtecke und lasse alles noch einen Tag trocknen.

Am letzten Tag kommt der Schokoladenüberzug. Schwarze oder Milchschokolade, je nach Geschmack.

Alles in allem vergehen vier Tage vom ersten Schritt bis zum Schokoladenguss. Möge die Degustation beginnen!

Ah! Ich sehe, Sophie erklärt dir die Ganaches und die Nougatpralinen!
Ja. Ich hab viel gelernt!
Ist schon irre, wie viele Schokoladen du erfunden hast!
Gibt es eine, die du bevorzugst?
Aber natürlich! Ich bin richtig stolz auf meine Pfefferminz-Ganache!
Als ich die zum ersten Mal gemacht habe, hatte ich das Gefühl, ich entdecke Marokko neu!
Ich sah die Farben der Souks und roch den Pfefferminztee ...
Ich fand, dass mir etwas gelungen ist!

Wie bist du auf die Idee mit der Pfefferminz-Ganache gekommen?
Ich wollte den Leuten mal zeigen, was Minze wirklich bedeutet. Früher dachte man dabei immer erst an After Eight, das ich Aftershave nenne!!
Ich dachte, das muss sich ändern.
Aber heute gibt es ja jede Menge Geschmacks-richtungen. Hast du schon mal die Ganache Rousse probiert?
Ääh... keine Ahnung, was ist das?
Okay, das kriegst du schon raus!
Du wirst einen Blindtest machen!
Gut ... okay!
Fang mal mit der an, das ist die Rousse.
Mach ich!
SNIF SNIF
TSSS! Denk nicht nach, nimm sie ganz in den Mund und lass dich gehen!

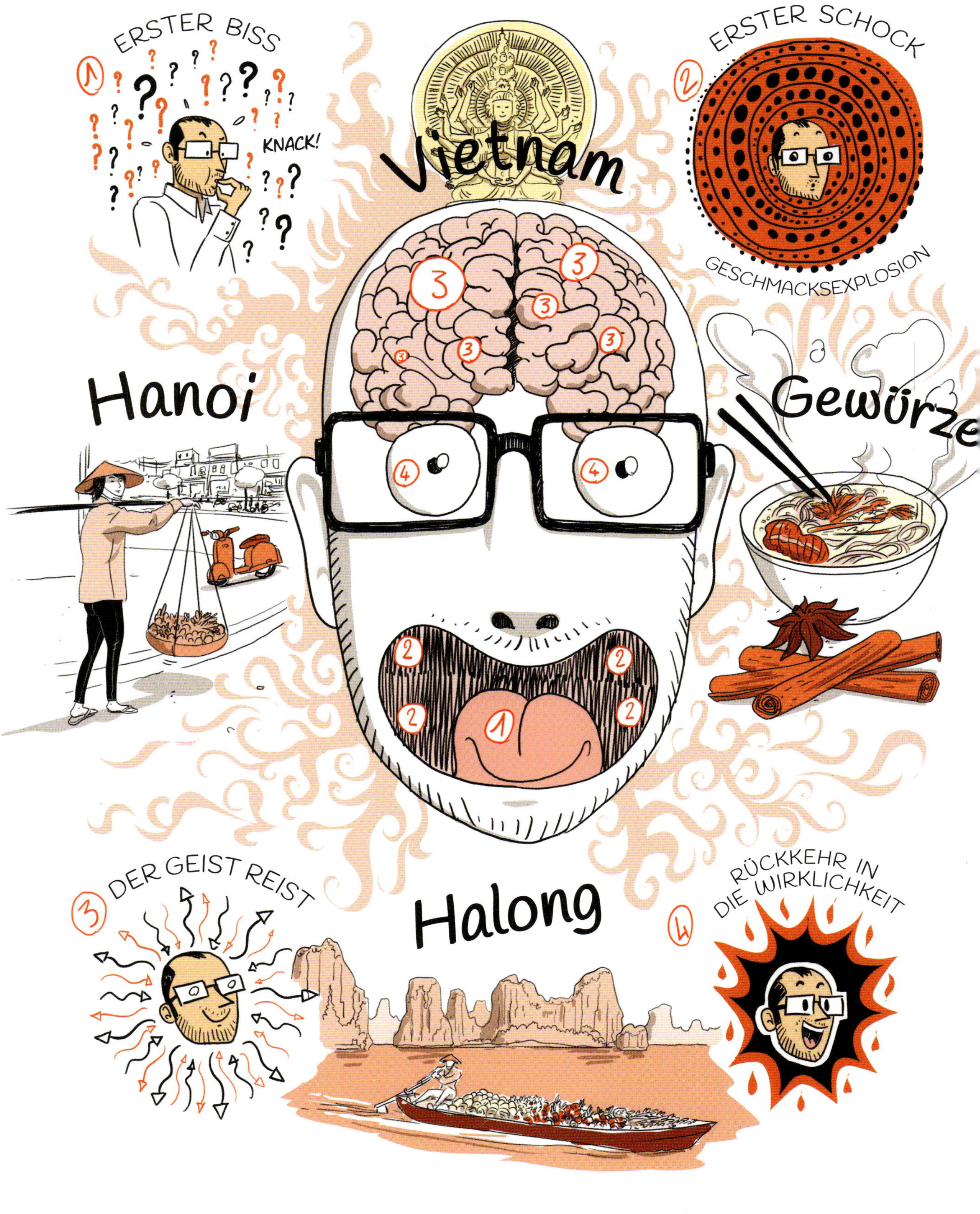
Vietnam
1 ERSTER BISS
KNACK!
2 ERSTER SCHOCK
GESCHMACKSEXPLOSION
Hanoi
Gewürze
3 DER GEIST REIST
Halong
4 RÜCKKEHR IN DIE WIRKLICHKEIT

Und? Hast du es?
Lass dir Zeit, ist ziemlich weit weg!
Ähm …
Es erinnert mich an Vietnam …
Vietnam?
Ja, in deren Küche gibt es eine Gewürzmischung. Und etwas davon ist in der Ganache!
Ja, ein sehr bekanntes Gewürz, das unter Bananenstauden wächst!
Doch nicht etwa ZIMT?!
Jaaa!
Toll, wir haben dich auf die Reise geschickt!
Und ich war weit weg!
Also los, die nächste, jetzt will ich's wissen!
Lass ihn zum Spaß mal die neue Ganache probieren!
Eine ganz neue?
Eine ganz, ganz, ganz neue!
Danke!
Ich werd ihnen zeigen, wie gut mein Geschmacks-sinn ist …
Also …
MAMPF!
Oooha!
Die ist sehr, sehr GUT!
Aber … ich komm nicht drauf!

Einfach ist das nicht …
Haha! Es handelt sich um eine Zitrusfrucht und ein Würzkraut!
Sehr bekannt!
Also zwei Aromen.
Pampelmuse ist es nicht?
Nöö!
Zitrone … Limette?
Aaaah!
Du bist gut!
Das ist merkwürdig … Da war ein leichter Ingwergeschmack.
Jepp, das hast du gedacht, aber das ist es nicht …
Und Schnittlauch ist es auch nicht?
Nein, verloren! Es ist Estragon!!
Scheiße!
In jedem Fall ist es verdammt gut!
Habt ihr daran lange gearbeitet?
Überhaupt nicht. Ich bin irgendwann in der Nacht aufgewacht und hatte es im Sinn …
Und hopp, ratzfatz!!
Tags drauf haben wir ein paar Versuche gemacht und heute ist sie da!
Damit erringt man nicht die Weltherrschaft, aber es ist sehr, sehr, sehr gut!

Ich muss sagen, es ist eine der besten Schokoladen, die ich je gegessen habe!
Aber meine Geschmacksnerven werden nicht geschont: Es geht weiter ...
Trotzdem finden sie, es brauche noch ein paar Versuche ... um das Rezept zu verbessern.
Auch wenn ich verrückt nach Schokolade bin, bin ich nicht gewohnt, so viel zu essen ...
Für sie ist das überhaupt kein Problem!
Sie reden von Geschmack, Ausgewogenheit, Aromen und Rezepten, die man noch verbessern könnte ...
Was haben Sie zum Beispiel gegen das da? Ich finde die Praline mit Rosmarin perfekt!
Noch dazu duftet der Rosmarin so schön!
Ja, allerdings duftet er zu sehr!!
Das liegt daran, dass wir einen Rosmarin verwendet haben, der aromatischer ist als üblich!
Ich liebe es, das Hirn etwas arbeiten zu lassen, da darf der Geschmack nicht zu deutlich sein, sondern schön ausgewogen.

So fein wie Sie kann ich die Geschmcksnoten nicht unterscheiden. Wie machen Sie das?
Seinen Geschmackssinn muss man trainieren!
Bei mir zum Beispiel hat es fünf Jahre gedauert, bis ich ein bisschen was konnte ...
Es ist schwer, sich eine eigene Meinung zu bilden. Aber ich finde, du machst das nicht so schlecht ...
Als sie hier anfing, mochte sie meine Schokoladentörtchen nicht!
Zwei Jahre lang hab ich gesagt: „Warum machst du die? Die schmecken nach nichts!"
Eine Ganache und ein Biskuit, das erschlägt sich!
Und ich weiß nicht, warum, aber eines Morgens bin ich aufgewacht und hatte Lust darauf!
Ich bin ins Atelier gegangen und hab drei nacheinander gegessen!
Und jetzt guck ich jeden Morgen erst mal, ob Schokoladentörtchen da sind!!
Sie stiehlt sie mir, ich muss sie abzählen!
Ein Gaumen entwickelt sich. Heute esse ich kaum noch Nougatpralinen, sondern fast nur Ganaches.
SNIF! SNIF!
Franckie, du solltest eine davon probieren, bevor ich sie alle aufesse!
Bei so einem hübschen Törtchen ist es schwer, NEIN zu sagen.

Ein Rezept in zwei Teilen: Erst der süße Teig, dann die zart schmelzende Ganache!

Schokoladen-törtchen

Rechnen Sie 25 Minuten für die Herstellung des Teigs, 1,5 Stunden Ruhezeit im Kühlschrank und 20 Minuten Backzeit.

Der süße Teig

Tipp:
Nehmen Sie die Butter und das Ei 30 Minuten vorher aus dem Kühlschrank!

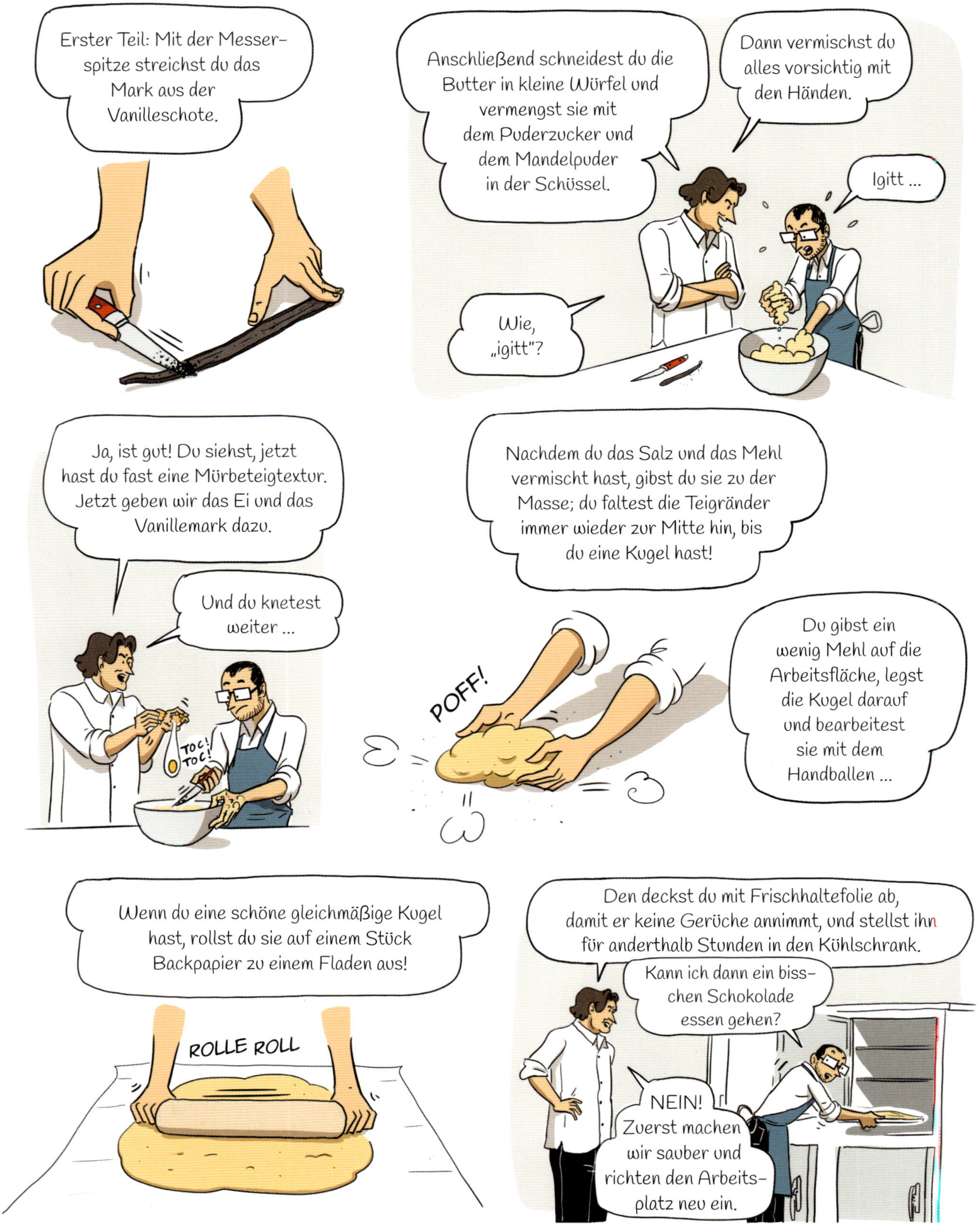

Erster Teil: Mit der Messerspitze streichst du das Mark aus der Vanilleschote.
Anschließend schneidest du die Butter in kleine Würfel und vermengst sie mit dem Puderzucker und dem Mandelpuder in der Schüssel.
Dann vermischst du alles vorsichtig mit den Händen.
Igitt ...
Wie, „igitt"?
Ja, ist gut! Du siehst, jetzt hast du fast eine Mürbeteigtextur. Jetzt geben wir das Ei und das Vanillemark dazu.
Und du knetest weiter ...
TOC! TOC!
Nachdem du das Salz und das Mehl vermischt hast, gibst du sie zu der Masse; du faltest die Teigränder immer wieder zur Mitte hin, bis du eine Kugel hast!
POFF!
Du gibst ein wenig Mehl auf die Arbeitsfläche, legst die Kugel darauf und bearbeitest sie mit dem Handballen ...
Wenn du eine schöne gleichmäßige Kugel hast, rollst du sie auf einem Stück Backpapier zu einem Fladen aus!
ROLLE ROLL
Den deckst du mit Frischhaltefolie ab, damit er keine Gerüche annimmt, und stellst ihn für anderthalb Stunden in den Kühlschrank.
Kann ich dann ein bisschen Schokolade essen gehen?
NEIN! Zuerst machen wir sauber und richten den Arbeitsplatz neu ein.

Letzter Schritt vor dem Backen: Schau mir zu, wie ich das mache.
Und heize den Backofen auf 170 Grad vor!

Lege den Teig auf den Backring.

Drücke ihn an der Seitenwand fest.

Schlage überschüssigen Teig um und geh mit dem Nudelholz drüber, um ihn abzuschneiden.

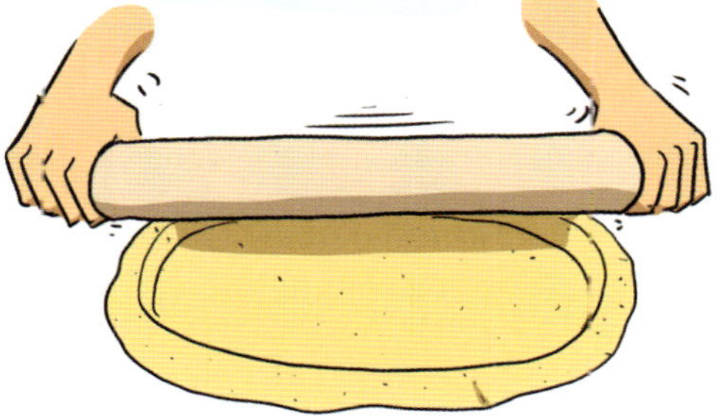

Voilà! Jetzt muss er nur noch für 20 Minuten in den Ofen, bis er die Farbe von hellem Karamell hat.

Die Ganache

Bringen Sie einen Topf Wasser zum Kochen, um das Wasserbad vorzubereiten.

Du legst den Tortenboden auf ein Gitter, das in den Kühlschrank passt, und gibst mit einer Schöpfkelle die Ganache drauf.
Ja, super, immer ganz vorsichtig!
An die Kätzchen denken ...

Wenn du fertig bist, lassen wir alles bei Raumtemperatur abkühlen, damit es seinen Glanz behält.
Können wir nicht gleich mal probieren?
NEIN!
Und wie lange dauert das ungefähr?
Bis sie abgekühlt ist!!
Mmmmh! Pff!
Gut, du kannst dir inzwischen ein Törtchen nehmen.
Na also!

Sag mal, Jacques, wo kommt deine Schokolade eigentlich her?
Von Valrhona!
MMPF! MMPF!
Einem Schokoladenhersteller.
Mit denen entwickle ich eine einzigartige Kuvertüre*, nur für mich!
*Die Kuvertürenschokolade ist die erste, die in Form von Tafeln oder Linsen hergestellt wird.
Und warum genau die? Ich denke mal, Hersteller gibt's viele ...
Stimmt! Aber die haben eine beständige Qualität und vor allem verwenden sie sehr gute Bohnen.
Also, dort lass ich meine Kuvertüre herstellen, aber ich kenne auch einen Chocolatier, der seine Kakaobohnen vom anderen Ende des Planeten holt und seine eigene Kuvertüre macht.
Das ist Stéphane Bonnat, ein alter Kumpel! Ich frag ihn mal, ob er auch in deinem Comic vorkommen will.
Wirklich? Das wär super!
Vielleicht nimmt er dich ja zum Kakaoeinkauf mit ...

Und wenn jemand eines deiner Rezepte nachmachen möchte, welche Schokolade empfiehlst du dem?
Valrhona kriegt man nicht überall ...
Wenn du Lust hast, etwas Gutes zu machen, warum nicht auch ein bisschen mehr ausgeben, um ein Qualitätsprodukt zu haben?
Kauf dir in einem Feinkostgeschäft oder bei einem Chocolatier eine sehr gute Schokolade mit hohem Kakaoanteil!
Wenn's gut werden soll, brauchst du eine Schokolade mit 56 bis 64% Kakaoanteil.
Dann hast du Geschmack! Echten Schokoladen- und Kakaogeschmack!
Was machst du denn da?
Da?
Ich mach uns eine kleine heiße Schokolade, warum?
Eine ... heiße Schokolade? Nach all dem, was wir schon probiert haben?
Wie? Magst du keine Schokolade mehr?
Doch ...
Schau gut hin, wie ich eine echte heiße Weihnachtsschokolade auf meine Art mache!

Heiße Schokolade
Ein ziemlich einfaches Rezept, das mit einer sehr guten Schokolade mächtig was hermacht!
Und als Bonus noch eine Variante auf Eis!
Es ist supereinfach, für 1 l heiße Schokolade braucht man:
einen großen Topf
einen Liter Vollmilch
MILCH
300 g Schokolade in Stückchen
64%
einen Schneebesen
Wie du siehst, hab ich die Milch aufgekocht …
… und jetzt gebe ich die Schokoladenstückchen dazu!
PLOFF PLOFF
niedrige Hitze
Ich schmelze die Schokolade unter ständigem Rühren, sonst brennt sie sofort an und das schmeckt man!
Das ist sehr wichtig!

Wenn sie erneut gekocht hat, nimmst du sie vom Feuer und servierst sie sehr heiß!
Das ist supereinfach, aber sehr, sehr gut.
Und wenn du im Sommer eine Schokolade auf Eis machen möchtest, machst du es genauso und wartest, bis sie abgekühlt ist ...
Dann gibst du sie in einen Shaker und füllst ihn mit Eiswürfeln auf!
Schließen, schütteln und in ein hübsches Glas gießen.
TSCHIK! TSCHIK! TSCHIK!
Und fertig!
Aaah! Wir haben's doch gut, oder?
SCHLÜRF!
Mmmh!
Mit unserer heißen Schokolade!
CARAMEL
NOUGAT

Ich ging mit einer kleinen Schachtel Zimtschokolade nach Hause!

Ich wollte sie meiner Freundin zum Probieren geben und fragen, ob sie in ihr auch Erinnerungen an unsere Vietnamreise hervorruft ...

... oder nicht ...

Dank Jacques habe ich das einfachste Mittel entdeckt, um mal schnell ans andere Ende der Welt zu reisen!

STÉPHANE BONNAT

VON DER BOHNE BIS ZUR SCHOKOLADE

28. Januar 2014. Jacques hat mir die Nummer von Stéphane Bonnat gegeben.
TIP! TIP!
TUT! TUT!
Ja, hallo?
Hallo, Stéphane Bonnat? Ich rufe Sie auf Empfehlung von Jacques Genin an …
Ich habe ihm das Comic-Projekt erklärt, und er war sofort begeistert. Wir haben uns für die folgende Woche verabredet, ich darf ihn in seiner Chocolaterie in Voiron besuchen!
Ich nutze die Gelegenheit und nehme Marilyne mit auf die Reise, meine Freundin, Filmjournalistin und sehr neugierig auf die Schokoladen von Stéphane Bonnat.
Nur noch 80 Kilometer, dann probieren wir Schokoladen, mein Schatz!
Cool!
Oha! Das ist ja enorm!
BONNAT
Chocolatier
Confiseur
Pâtissier
Die Zeit wird nicht reichen, um alles zu probieren.

Wow! Wie in „Charlie und die Schokoladenfabrik"!
Es ist in der Tat so, dass man sich hier die Inspiration für den Film von Tim Burton geholt hat.
?
!
Ich wollte Sie nicht erschrecken. Ich bin Stéphane Bonnat!
Sie sind sicher Franckie und Marilyne!
Guten Tag.
Ja, das sind wir.
Sie sind hier, um zu sehen, wie ich meine Schokolade aus den Bohnen herstelle, die ich weltweit zusammengesucht habe?
Na, dann kommen Sie mal mit!

In der Schokoladenfabrik

Erste Etappe: Die Röstung

Zweite Etappe: Das Brechen
Dann kommen die Bohnen in den Kakaobohnenbrecher.
Diese teuflische Maschine bricht die Schalen der Bohnen auf und saugt sie weg.
Wiiiiiiiiiiiii!
Hier kommen die aufgebrochenen Bohnen rein.
Wär das nicht mit Hammer und Staubsauger viel einfacher?
CRRRR! CRRRR!
FRRRT! FRRRT!
Schalen der Bohnen
die Bohnen
Jetzt ist der Kakao so weit, dass wir ihn in Schokolade verwandeln können!

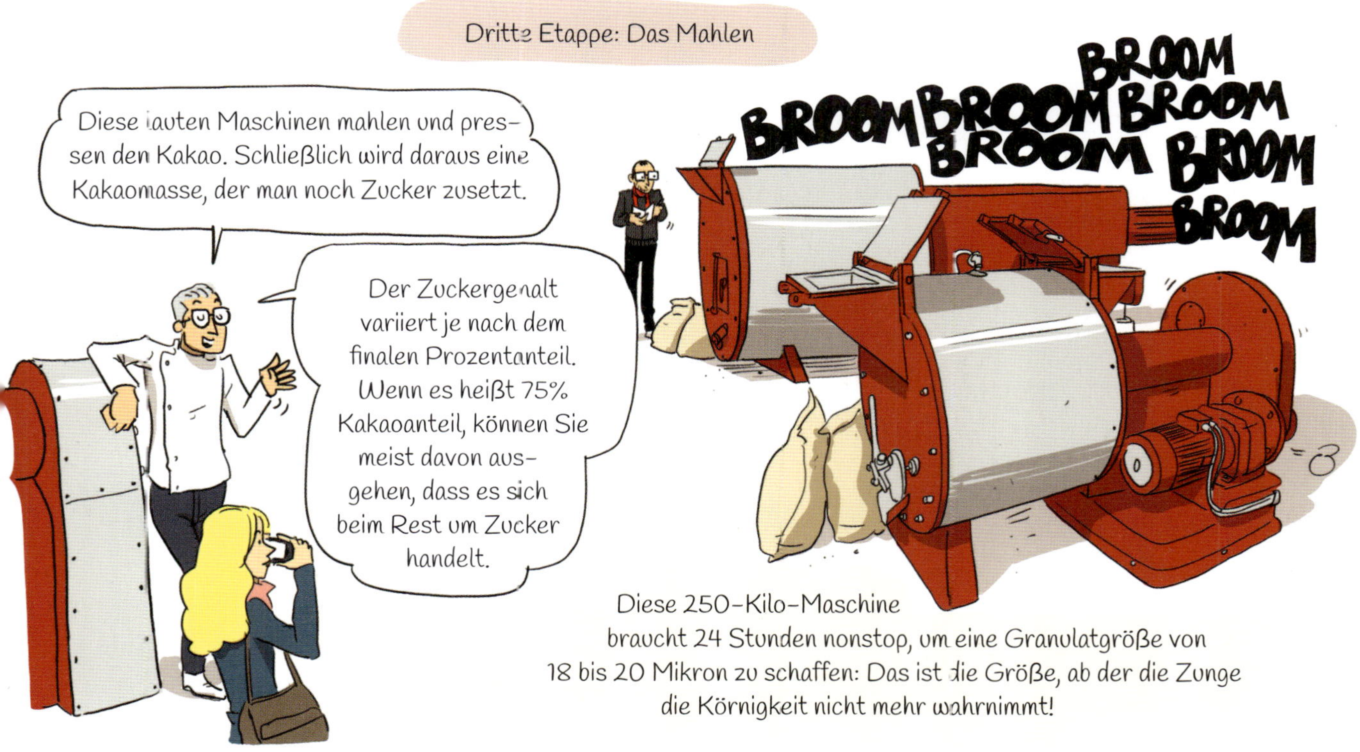
Dritte Etappe: Das Mahlen
Diese lauten Maschinen mahlen und pressen den Kakao. Schließlich wird daraus eine Kakaomasse, der man noch Zucker zusetzt.
Der Zuckergehalt variiert je nach dem finalen Prozentanteil. Wenn es heißt 75% Kakaoanteil, können Sie meist davon ausgehen, dass es sich beim Rest um Zucker handelt.
BROOM BROOM BROOM BROOM BROOM BROOM BROOM
Diese 250-Kilo-Maschine braucht 24 Stunden nonstop, um eine Granulatgröße von 18 bis 20 Mikron zu schaffen: Das ist die Größe, ab der die Zunge die Körnigkeit nicht mehr wahrnimmt!

Vierte Etappe: Das Konchieren

Hier wird bei niedriger Geschwindigkeit gerührt, wobei sich die molekulare Struktur und die Textur des Kakaos ändern. Bei dem Vorgang werden Säuren und Adstringenzien entfernt und Aromen verstärkt.

Dieses Verfahren hat Herr Lindt erfunden: Er vergaß – über ein Wochenende auf der Jagd – eine Maschine abzuschalten. Als er zurückkam, war das Ergebnis FANTASTISCH GUT!

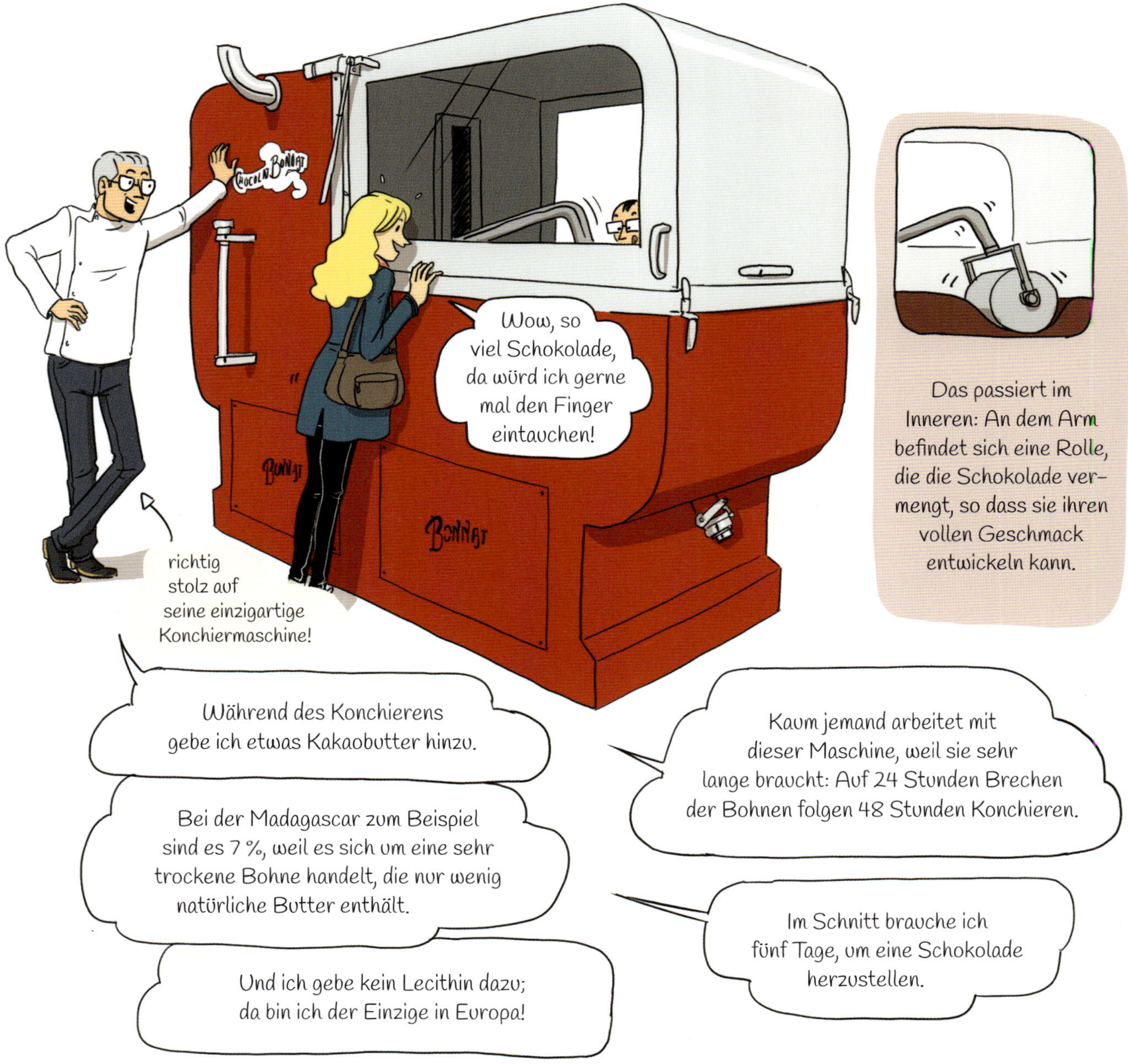

Nach dem Besuch in der Schokoladenfabrik nehmen wir in der Teestube des Hauses Bonnat Platz, um uns, angesichts einiger Patisserien, in Ruhe zu unterhalten.

Gibt es noch andere Sachen, die bei Bonnat erfunden wurden?
Ja, die Orangettes! Aber wir nennen sie Krugettes.
Mein Urgroßvater hat sie für die Familie Krug erfunden.
Das ist wirklich unglaublich.
Und so eine schöne Familiengeschichte!
Ja, und sie ist immer präsent! Wir sind hier nicht bei Stéphane Bonnat, sondern bei Bonnat!
Ich habe ein Erbe angetreten; mein Job ist es, das Savoir-faire und die Qualität zu erhalten.
Ich habe nur den Stab übernommen.
Aber war es nicht immer eine Leidenschaft?
Mmmh...
Eigentlich hat es so richtig gefunkt, als ich zum ersten Mal auf einer Plantage war. Ich muss damals 16 gewesen sein, es war in Mexiko.
Übrigens: Hättest du Lust, dir mal 'ne Plantage anzusehen? In zwei Monaten fahre ich nach Peru!
Hä?! Oh, das wär ja genial!
Du wirst sehn, das ist fantastisch. Wenn man von den Viechern, dem Dschungel und den Drogenhändlern absieht ...
WAS ?!
Ich, für den eine einfache zweistündige Wanderung schon ein Albtraum ist, habe mich für eine Abenteuerreise Anfang Juli verabredet.

DER VALENTINSTAG

LIEBE UND SCHOKOLADE

6. Februar 2014
SCHMATZ SCHMATZ
Ich zeichne die ersten Bilder dieses Buches ...
KLACK
SCHMATZ
Nein, das geht nicht!
Diese Schokolade ist echt nicht gut!
Man schmeckt den Zucker, aber den Kakao kein bisschen ...
... und es bleibt ein komischer Nachgeschmack.
Versteh ich nicht ... eigentlich mag ich diese Marke gern ...
Hat sich mein Gaumen schon so entwickelt?
War die Schokoladenverkosterei bei Genin zu viel für mich?
Wie wird es mir erst gehen, wenn der Comic fertig ist?
Großer Gott ... es gibt nur eine Lösung: Vorräte anlegen!
Hallo, Jacques! Ich muss unbedingt mal zu dir ins Atelier kommen!
Äh, ja, ich hab 'ne Menge Fragen.
Okay? Bin unterwegs!

*Jemand Bekanntes, aber ich habe versprochen, den Namen nicht zu verraten!

Siehst du die Kartons?
Das ist alles Schokolade für Japan.
Japan?
Aber ja!
Dort beschenken die Frauen die Männer mit Schokolade: ihre Freunde, ihre Kollegen, Väter …
Und französische Schokolade ist für sie gerade superchic!

Aber dieses Jahr haben wir auch eine Spezialität: das große Herz!
Es ist mit meiner neuen Kuvertüre gemacht.
Siehst du diese glänzende rote Farbe? Schön, oder?
Und wie! Man möchte sofort hinein-beißen!
Und drinnen findest du lauter Leckereien: Pralinen, Nusstaler, kandierte Früchte …
Mmmhh…

Ich fänd's schön, wenn du mir zeigen würdest, wie du die Herzen herstellst.
Das machen wir mit Sophie, die macht sie heute.
Na, läuft's gut?
Ja klar.
Ach, hallo Franckie!
Hallo!
Ich bin hier, um mir die Produktion der Herzen anzugucken.
Wie kriegst du denn diesen schönen Bordeaux-farbton hin?
Das ist super-einfach! Schau, das sind die Gussformen für die Herzen ...
Ich streiche die Formen mit der Farbe aus ...
... und mache ein paar Pinselstriche, das ergibt am Ende eine Marmorierung.
Und mit dieser Platte halten wir die Kakaobutter, die wir vorher rot eingefärbt haben, flüssig.
Alles klar!

Wenn die Farbe aufgetragen ist, füllst du die Kuvertüre ein ...
Du drehst die Form, damit überschüssige Schokolade abläuft und streichst die Oberfläche schön glatt!
Dann hast du genau die richtige Menge Kuvertüre in der Form ...
So geht das also! Ich hab mich schon gefragt, wie ihr die Schokolade immer so gleichmäßig in die Formen bekommt ...
SWIIISH!
SWOOSH!
Das ist halt eine Frage der Geschicklichkeit ...
Mir ist aufgefallen, dass alle Handgriffe sauber und präzise, aber auch elegant sind ...
Das ist Übung! Aber wenn du dich für präzise Handgriffe interessierst, muss ich dir unbedingt noch was anderes zeigen ...
Was machst du denn hier? Schoko-Eclairs?
Ganz genau!
Hast du mal gesehen, wie ich die mache?
Nein, nie. Aber ich war als Kind verrückt nach den Dingern!

Okay. Bereit zum Skizzieren!
Du wirst sehen, es kommt wieder nur auf die Fingerfertigkeit an.
Hopp! Die Unterseite des Eclairs badest du vorsichtig in der Glasur ...
Du nimmst ihn vorsichtig aus seinem Schokoladenbad ...
... befreist ihn durch Klopfen von der überschüssigen Schokolade ...
TAP! TAP!
... und wischst zum Schluss einmal mit dem Finger rundherum.
FWIT!
Und voilà!
Wow! Jacques, das ist der WAHNSINN!
Das ist wirklich klasse, so zu glasieren ...
Und wenn du es machst, sieht es ziemlich einfach aus ...
GRTZ GRTZ
Ich wusste, dass dir das gefällt. Probier einen!
MIAM MIAM
Schnell, Franckie, du musst die Galaxie retten!
Aua! Ich hab mir wehgetan.
Halb so schlimm, mein Häschen. Iss ein Stück Schokolade.
1979

Na, das zaubert ein Lächeln ins Gesicht, oder?
Absolut. Und es hat mich in meine Kindheit zurückversetzt ...
Dein Eclair ist ganz einfach, aber gleichzeitig auch superedel!
Du kannst diesen Beruf nicht machen, wenn du nicht großherzig bist!
Stimmt. Wenn ich hierherkomme, ist immer Weihnachten.
Ich mag es aber auch, wenn die Sachen einfach und klar sind ...
Das macht den Geschmack und die Eleganz meiner Schokoladen und Patisserien aus.
Man muss das Produkt sofort verstehen!
Ich bin da knall-hart!
Aber unter den Stars der Chocolatiers scheint das gegenseitige Überbieten in Mode ...
Von welcher Mode redest du?
Alles, was mich interes-siert, ist, ein Produkt zu entdecken!!
Und bei meinen Sachen brauchst du wahrlich nicht viel Kultur, um sie zu verstehen!
So ist er, der Jacques Genin: Er sucht das Hervorragende im Einfachen.

OSTERN

SCHOKOLADENKUNST

12. März 2014. Hochbetrieb in der Herstellung, Ostern rückt näher.
Besprechung, um die Arbeiten des Tages zu verteilen ...
Und es gibt viel zu tun!

Es gibt auch einen Neuzugang: Corinne Jam, Malerin.
Sie bemalt die Formen für die Ostereier und die Osterhasen.
Schaut euch mal an, wie viele Formen da gerade rumstehen ...

Mir fällt ein lustiges Karussell in der Ecke des Ateliers auf ...
Sechs Leute bewegen sich schrittweise im Kreis um eine Arbeitsplatte und jeder legt pro Schritt eine Nuss auf einen Schokoladenkringel, den William (der ganz in Schwarz) kurz zuvor produziert.

Sieht lustig aus eure Reise nach Jerusalem. Was macht ihr da genau?
Wir machen Mendiants.
William macht einen Kreis aus Schokolade ...
Und ich leg 'ne Haselnuss drauf ...
Ich 'ne Walnuss ...
Und ich zwei Pistazien!
Hier kommt 'ne geröstete Mandel ...
Und zum Schluss kandierter Ingwer!

Das klingt einfach, könnte ein tolles Rezept für das Buch abgeben!!
Mmmh! Außerdem schmeckt es toll!

Schokoladenmendiants

Bei diesem Rezept unterstützte mich das Team Mendiants: William, Rami, Richard, Marie und Sasha.

Es ist ein Rezept in zwei Etappen. Erst wird die Kuvertüre gemacht, dann kommt der Spritzbeutel ins Spiel.

Rechnen Sie 15 mit Minuten für die erste Etappe und eine gute halbe Stunde für die zweite!

Während Sasha Wasser zum Kochen bringt, hackst du, Richard, die Schokolade.
Super macht ihr das!
TACK! TACK! TACK!
So! Die gehackte Schokolade in die Schüssel.
Voilà!
Und jetzt die Schüssel ins Wasserbad.
Rami, du rührst vorsichtig um, bis zwei Drittel der Schokolade geschmolzen sind.
Gaaanz vorsichtig!
Wenn zwei Drittel geschmolzen sind, nimmst du sie vom Feuer und rührst vorsichtig weiter.
Wir benötigen eine Temperatur von 31°.
Nicht mehr, nicht weniger.
So bekommen wir eine glänzende, gut zu verarbeitende Schokolade!
Super! Jetzt können wir uns an Etappe zwei machen: die Herstellung der Schokoladenkringel mit Hilfe des Spritzbeutels.
Wie man mit dem Spritzbeutel umgeht, können Sie auf Seite 20 nachschlagen.
William hat den Beutel mit Schokolade gefüllt und spritzt damit jetzt Ringe mit 3 cm Durchmesser auf ein Blatt Backpapier.
Nicht wahr, mein Kleiner?
Jawoll, Chef!

Genau so! Du produzierst Ringe in Serie und Marie und Richard legen die Garnierung drauf.
Das lässt man dann 20 Minuten ruhen.
Danach müssen Sie sie nur noch essen oder hübsch verpacken und verschenken.
Geschenkidee
Hhhm, wirklich super! Ihr macht einen einwandfreien Job, wenn ich das sagen darf!!
Warum schaust du so?
Beleidigt sein gilt nicht!

Zurück im Atelier. Ich nehme Jacques in Beschlag und löchere ihn mit Fragen über seine Osterschokoladen …

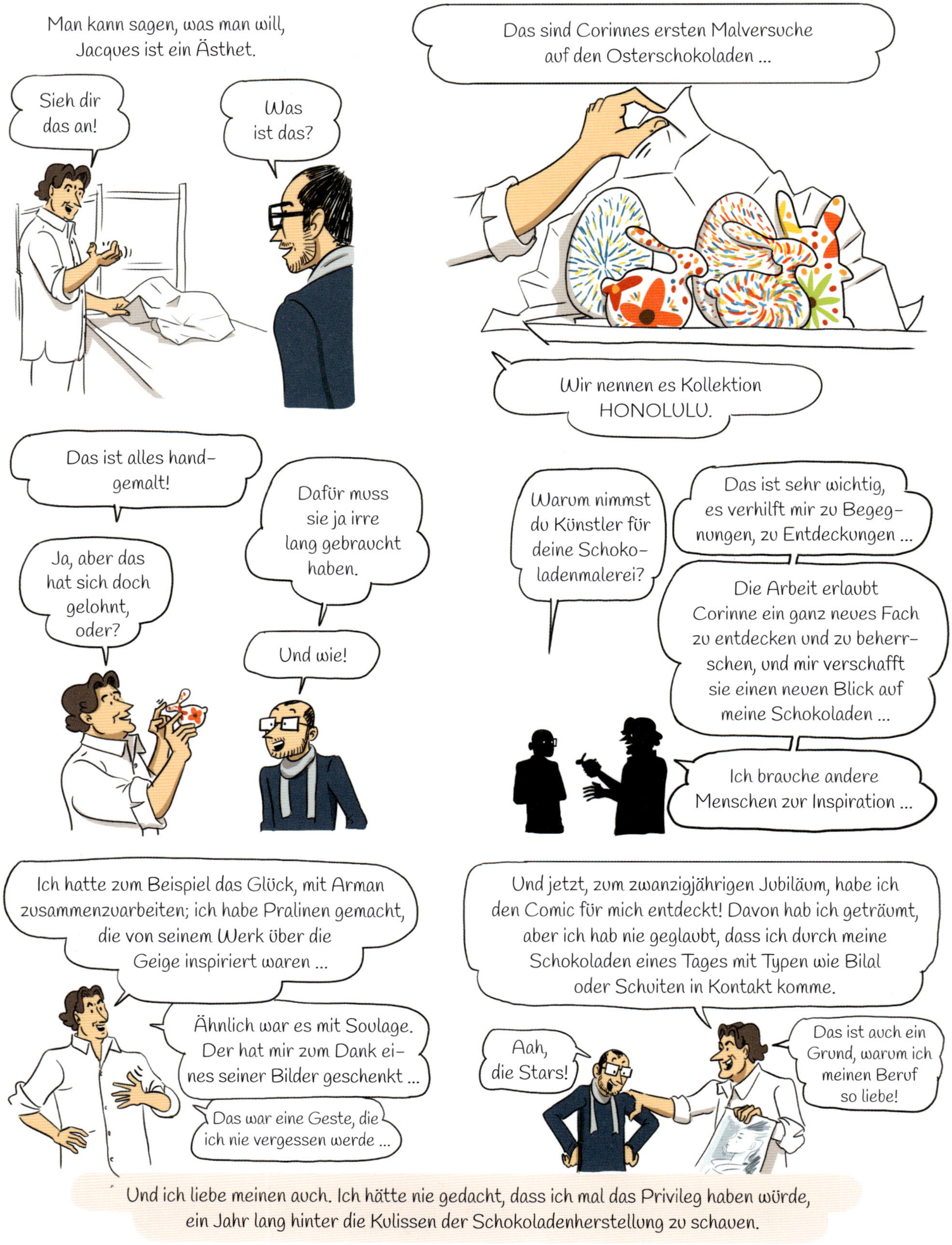
Man kann sagen, was man will, Jacques ist ein Ästhet.
Sieh dir das an!
Was ist das?
Das sind Corinnes ersten Malversuche auf den Osterschokoladen ...
Wir nennen es Kollektion HONOLULU.
Das ist alles handgemalt!
Dafür muss sie ja irre lang gebraucht haben.
Ja, aber das hat sich doch gelohnt, oder?
Und wie!
Warum nimmst du Künstler für deine Schokoladenmalerei?
Das ist sehr wichtig, es verhilft mir zu Begegnungen, zu Entdeckungen ...
Die Arbeit erlaubt Corinne ein ganz neues Fach zu entdecken und zu beherrschen, und mir verschafft sie einen neuen Blick auf meine Schokoladen ...
Ich brauche andere Menschen zur Inspiration ...
Ich hatte zum Beispiel das Glück, mit Arman zusammenzuarbeiten; ich habe Pralinen gemacht, die von seinem Werk über die Geige inspiriert waren ...
Ähnlich war es mit Soulage. Der hat mir zum Dank eines seiner Bilder geschenkt ...
Das war eine Geste, die ich nie vergessen werde ...
Und jetzt, zum zwanzigjährigen Jubiläum, habe ich den Comic für mich entdeckt! Davon hab ich geträumt, aber ich hab nie geglaubt, dass ich durch meine Schokoladen eines Tages mit Typen wie Bilal oder Schuiten in Kontakt komme.
Aah, die Stars!
Das ist auch ein Grund, warum ich meinen Beruf so liebe!
Und ich liebe meinen auch. Ich hätte nie gedacht, dass ich mal das Privileg haben würde, ein Jahr lang hinter die Kulissen der Schokoladenherstellung zu schauen.

PRAKTIKANT

SCHWIERIGE LEHRJAHRE

20. Mai 2014. Jacques hat mir schließlich vorgeschlagen, ein vertiefendes Praktikum bei ihm zu machen, und selbstverständlich verspäte ich mich gleich am ersten Tag.
PARIS ST-LAZARE
CLICHY-LEVALLOIS
Gar nicht so einfach, meinem späten Zeichnerrhythmus Adieu zu sagen und mich plötzlich in den Hauptverkehrszeiten wiederzufinden.
Aber wenn man in den Tag startet und weiß, dass man in einer Chocolaterie arbeiten wird, motiviert das natürlich auch.
Und das Stadtviertel ist ziemlich sympathisch.

Guten Tag!
Puuh!
Na bravo! Ein Praktikant, der am ersten Tag zu spät kommt!
Tut mir leid. Ich hab die Fahrzeit unterschätzt ...
Halb so schlimm, du bist ja kein echter Praktikant!
Okay, heute Morgen beginnst du mit den Vorbereitungen für die Limettenpralinen.
Okay, Chef!
Gut, das sind die Antworten, die ich hören will.
Zuerst wirst du die Schale von 50 Limetten reiben.
50 Limetten?!
Ja, damit. Das ist eine Zestenreibe. Wirst sehen, es ist ganz einfach.
Letztlich ist es easy, 50 Limetten die Schale abzureiben ...
Man muss nur aufpassen, dass man keine Stelle zweimal reibt ...
Und? Fertig?
Jepp. Fertig!
Super! Jetzt vermengst du die Zesten mit der Butter im Robot-Coupe.
Im was?
Robocop ist hier?
Das hier ist der Robot-Coupe.
Du schneidest die Butter in Stücke, gibst sie in den Coupe und stellst ihn auf langsame Umdrehung, um die Butter nicht zu sehr zu erwärmen!
Und wann machen wir Pause?
Gar nicht.

Als die weiche Butter und die Zesten mit der Nougatmasse vermengt sind, kommt Sophie, um mir einen wichtigen Arbeitsschritt beizubringen.
So, jetzt bring ich dir bei, wie man eine Praline zieht.
Zuallererst vermischst du alles schön mit diesem Spachtel.
Der ist doch viel zu klein! Gibt's hier nicht 'nen richtig großen Spachtel?
Mischung aus Pralinenmasse + Butter + Zesten
Na, na, na! Du machst, was ich dir sage!
Gut umrühren, auch am Boden!
Aaah! Was für ein komisches Gefühl!
FLOTCH! FLOTCH!
Ist gut, du kannst deinen Arm waschen.
Kann ich ihn ablecken?
Wenn du drauf stehst...
Aber nicht hier!
Und wasch ihn trotzdem.
Zuerst gießt du die Pralinenmasse in den Rahmen.
Das ist einfach.
Jetzt ziehen wir mit dem Lineal drüber, damit sie gleichmäßig wird.
Das ist extrem schwierig!
Warum helfe ich dir wohl dabei?
Mist, mein Daumen war in der Masse!
Sophie hat dann alleine weitergemacht. Für einen Anfänger war es doch zu schwierig.
Sieht toll aus! Es reizt einen, den Finger reinzustecken.
Dann bring ich dich um!!

Nach einer kurzen Mittagspause geht's zurück ans Werk, wir müssen uns um die Ganaches kümmern.
EXTRA BITTER
61%
MANJARI
64%
56%
KAFFEE MIT KARDAMOM
BASILIKUM
EE
SÜSSE GEWÜRZE
ZIMT
Das war die Handarbeit, jetzt ist das Hirn gefordert, die verschiedenen Schokoladenmischungen müssen berechnet werden.
GANACHE BASILIC
EPICES DOUCES
CANNELLE
Jede Ganache muss genau dosiert werden ...
... egal ob es um Schokolade, Sahne, Gewürze, Fruchtpüree oder Kräuter geht ...
Aber die Düfte, die dann den Raum erfüllen, lohnen die Mühe!

Zweiter Praktikumstag: Ich komme zu früh.
Ah! Der Praktikant ist pünktlich!
Na klar! Ich war um 22 Uhr im Bett.
Ziemlich anstrengend, den ganzen Tag auf den Beinen zu sein.
Schokolademachen ist wirklich schwer!
Mhh, das riecht gut. Was ist das?
Deine Arbeit für den Vormittag.
Aha?
Das ist Rosmarinbutter für eine Praline.
Mach ich das wie gestern?
Oh nein. Du wirst das erst durch ein Sieb drücken.
Aha …
Hier ist das Sieb. Du tust die Butter rein und arbeitest mit diesem Spachtel. So!
Die Butter geht durchs Sieb und der Rosmarin bleibt drauf liegen!
GRRRT! GRRRT! GRRRT!
Kann ich zwei, drei Stückchen Schokolade verknuspern, bevor ich anfange?
Es geht los, ich hab 45 Minuten Zeit dafür!
Das Kratzen des Spachtels gibt den Takt wieder …
Anschließend gehe ich ein neues Projekt mit Richard an.
Pralinenmasse (als Tafel)
Hier werden die Pralinen geschnitten, wie ich es gestern gelernt habe.
Das Gitter wird gesenkt, man hebt es wieder an und dreht die Tafel, senkt das Gitter wieder, und schon hat man kleine Pralinenquadrate, die jetzt nur noch ihre Glasur bekommen müssen.
Die Pralinen nehmen Form an …

An der Überzugsmaschine treffe ich Sophie, bei ihr geht es gerade in die letzte Runde.
Gebläse
Milch-schokolade
Ich zeig dir jetzt, wie's geht, und dann über-nimmst du!
Achtung, bei den Limet-tenpralinen musst du gleichzeitig schnell und vorsichtig sein.
Wenn du sie zu lange zwischen den Fingern hast, fan-gen sie an zu schmelzen.
Los, wir legen immer abwechselnd eine Reihe von vier und eine Reihe von drei.
Nicht zu nah bei-einander, sonst kleben sie an ihrem Überzug zusammen.
Hey! Das ist ziemlich schnell!
Gibt's keinen Anfänger-modus?
Und während du das machst, lege ich die Dekore auf die vorbeikom-menden Pralinen.
Nach dieser ersten Runde Pralinen bin ich völlig fertig!
Oha! Das ist superanstrengend! Man muss sich unheimlich konzentrieren!
Ich werde mich nie wieder über den Zeichner-beruf beschweren!
Ach was, das ist nur 'ne Frage der Übung.
Ich könnte ja deinen Job auch nicht machen.
Am Ende des Tages nehme ich eine Schachtel Limettenpralinen mit nach Hause ...
... von der ich sagen kann: „Die hab ich selbst gemacht!" Okay, mit ein wenig Hilfe ...

Letzter Praktikumstag ...
Heute Morgen wirst du William helfen, Grignotines zu machen.
Hihi!
Haha!
Ich weiß nicht, warum, aber irgendwie finden das alle lustig!
Hallo, William! Heute soll ich wohl helfen, Grignotines zu machen.
Guten Tag! Ja, Sie werden die Schüssel halten.
Mehr nicht?
William erhitzt die karamellisierte Mischung aus Mandeln und trockenen und karamellisierten Früchten.
Gut, zuerst kommt die Kuvertürenschokolade rein. Ich hab sie auf 31° erhitzt.
Gut festhalten bitte!
Hoppla! Mit der Schokolade ist die deutlich schwerer!
Ich halte die Schüssel schief, während William die Formen füllt.
Er verteilt die Mischung im ganzen Behälter.
Als er ihn anhebt – oh Wunder! Kleine Pralinen, wohin man schaut!
Mir wurde verboten, die Schüssel abzustellen – damit der Inhalt nicht abkühlt.

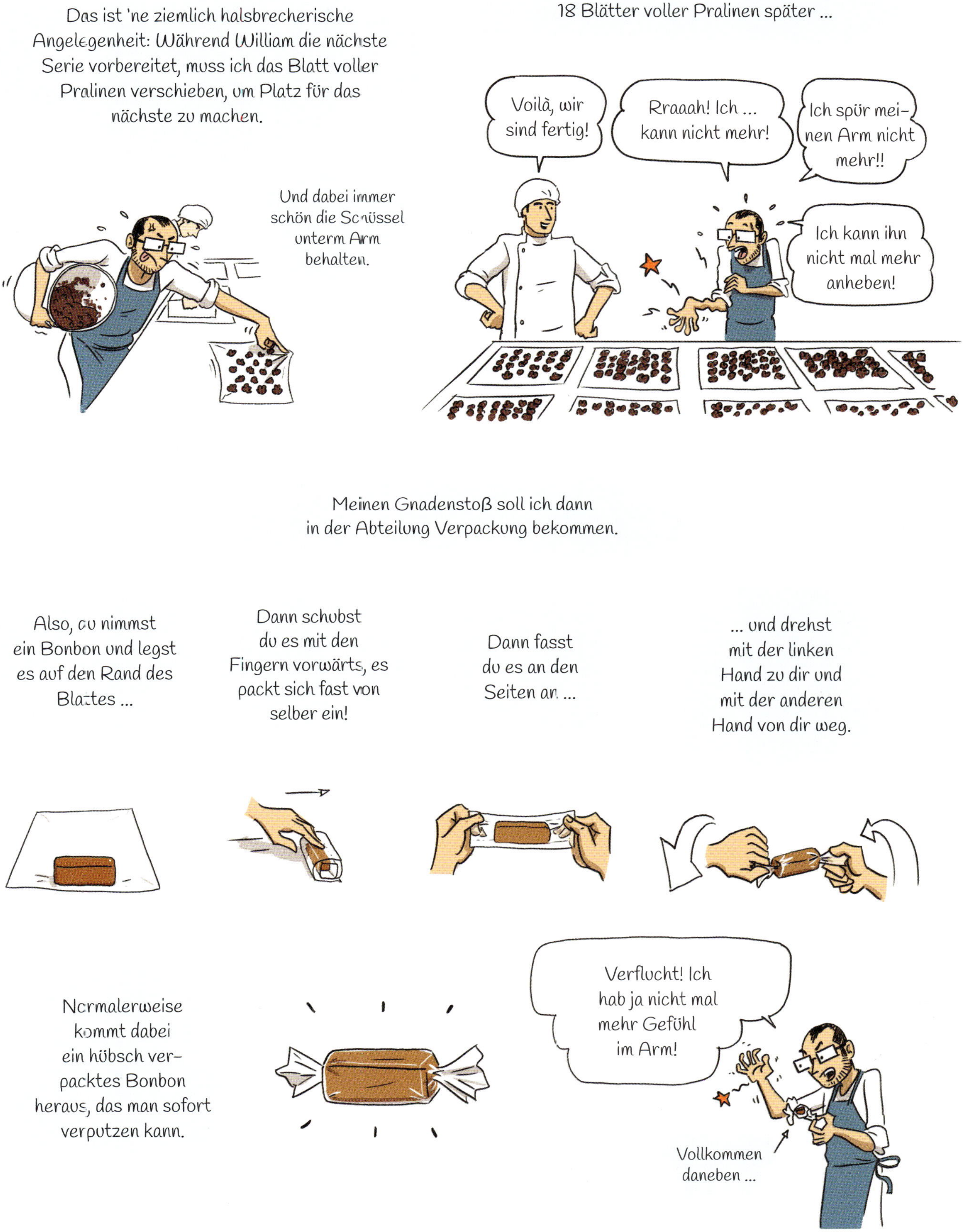
Das ist 'ne ziemlich halsbrecherische Angelegenheit: Während William die nächste Serie vorbereitet, muss ich das Blatt voller Pralinen verschieben, um Platz für das nächste zu machen.
Und dabei immer schön die Schüssel unterm Arm behalten.
18 Blätter voller Pralinen später ...
Voilà, wir sind fertig!
Rraaah! Ich ... kann nicht mehr!
Ich spür meinen Arm nicht mehr!!
Ich kann ihn nicht mal mehr anheben!
Meinen Gnadenstoß soll ich dann in der Abteilung Verpackung bekommen.
Also, du nimmst ein Bonbon und legst es auf den Rand des Blattes ...
Dann schubst du es mit den Fingern vorwärts, es packt sich fast von selber ein!
Dann fasst du es an den Seiten an ...
... und drehst mit der linken Hand zu dir und mit der anderen Hand von dir weg.
Normalerweise kommt dabei ein hübsch verpacktes Bonbon heraus, das man sofort verputzen kann.
Verflucht! Ich hab ja nicht mal mehr Gefühl im Arm!
Vollkommen daneben ...

Dieses Praktikum war wirklich eine Supersache, auch wenn ich jetzt ziemlich erschöpft bin. (Okay, ich bin ein Mimöschen.)
Hey, sieht so aus, als hättest du die letzten drei Tage saubere Arbeit geleistet!
Na ja, ich hab das gemacht, was man mir gesagt hat.
Das Lob haben eigentlich die Leute verdient, die mich unterstützt haben.
Das ist harte körperliche Arbeit. Was tust du, um nicht schlappzumachen?
Ich empfinde eine tiefe Liebe zu dem, was ich tue. Das ist das Mindeste, wenn man sein ganzes Leben einer Arbeit widmet ...
Und all die jungen Leute, die zu mir kommen, sind da, um nach Kräften zu lernen.
Und wenn sie sich das Wissen angeeignet haben, können sie ihren eigenen Weg gehen.
Man muss bereit sein, sich Zeit zu nehmen und Opfer zu bringen.
Zumindest wenn man richtig gut werden will, so dass über einen geredet wird, dass man interviewt wird ...
... und sogar Comics über einen gemacht werden!
Hahaha!
Hier, das ist für deine Freundin und dich!
Danke, das ist supercool, damit machst du ihr eine Riesenfreude!
Zumal sie im Moment nicht da ist und ich alles alleine essen werde!

DER GESCHMACK

DIE MUTTER ALLER FREUDEN

Seit ich Jacques in seinem Atelier besuche ...
... fühle ich mich immer ein bisschen wie eine kleine Maus.

Ich liebe es, mich in eine Ecke zu verdrücken und die Handgriffe, Gespräche und die Atmosphäre aufzunehmen ...
... und zu erleben, wie Schokolade entsteht.

Und obwohl Mäuse dort normalerweise nicht erlaubt sind ...
HIHIHI!
... ist es mir gelungen, mich einzuschleusen!
Guten Tag, Frau Tafel! Sie haben sich verlaufen, kann ich Ihnen helfen?
Hähähä!
Mann, ist die schwer!
PFFF!

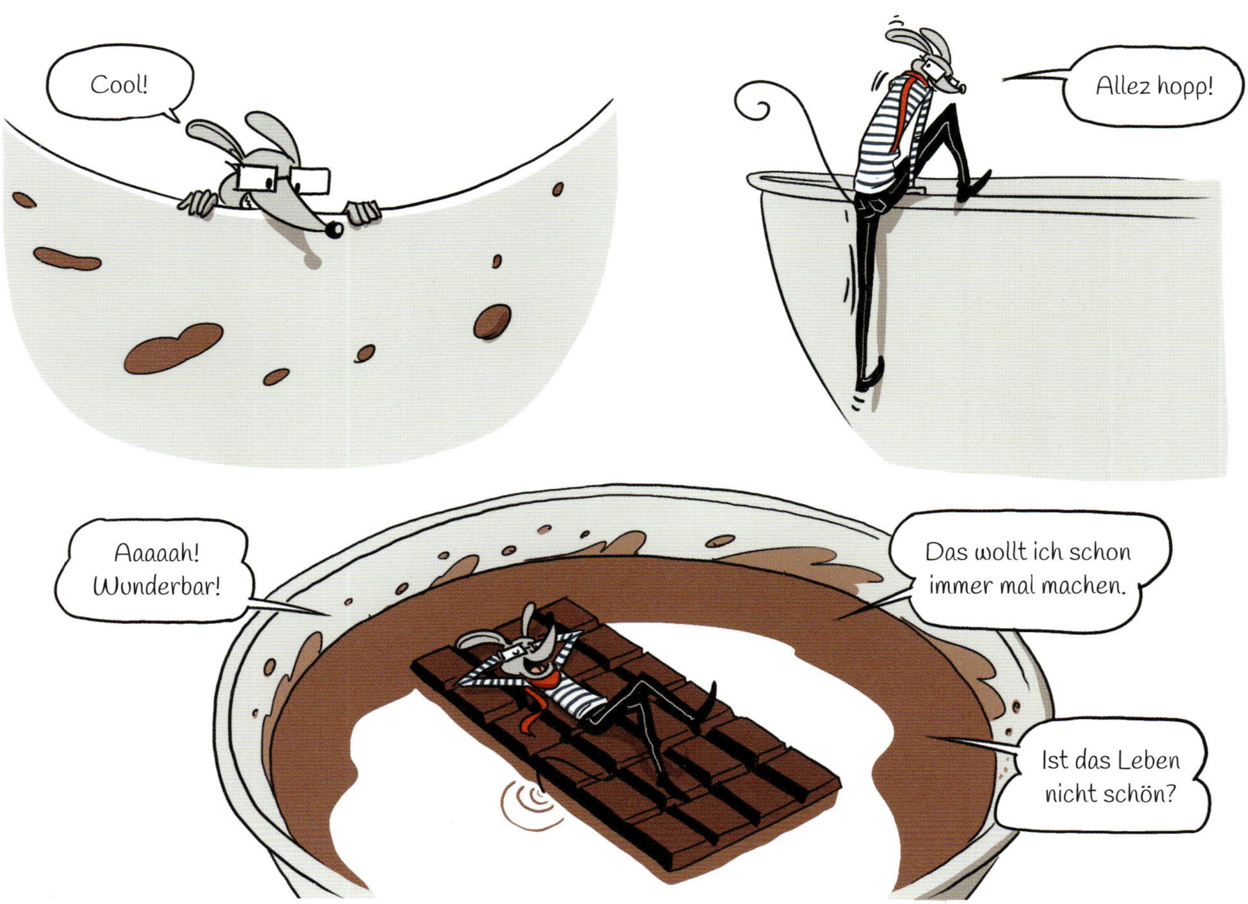

So ein Schwimmbad voller Schokolade ist gut, aber es geht noch besser!

Halleluja!
Das war's, ich BIN Schokolade!
Hhm. Ich probier mal.
CROUMPF! SLURP! GROUMF!
Mann, ist das GUT!
Und das war mein letzter Schokoladentraum.
Ich habe mindestens einen pro Woche, seit ich herkomme.
Träumst du auch von Schokolade?
Ich? Nie!
Weil du dir alle Träume erfüllst!
Nee, ich bin einfach so müde, wenn ich mich hinlege, dass ich mich nicht dran erinnern kann!
Hast du morgen Abend schon was vor? Ich würde dir gerne eine gute Freundin vorstellen.
Klar, kein Problem. Wer ist sie und was macht sie?
Sie ist eine Schriftstellerin mit feinem Gaumen: Ingrid Astier.
Wir kennen uns schon seit einem Jahrzehnt. Sie ist die Frau, die sich die Namen für meine Schokoladen ausgedacht hat.
Also haben wir uns für den nächsten Abend um 20 Uhr im Atelier verabredet.

26. Juni 2014. Die Sommerferien stehen vor der Tür,
allmählich geht es im Atelier von Jacques Genin ruhiger zu.

Wir verlassen das Atelier und spazieren Richtung Café des Musées.

Kurz – eines Tages stand sie in meiner Ateliertür ...
Ich habe Paris damals auf der Suche nach leckeren Sachen auf den Kopf gestellt ...
... und ich wollte rauskriegen, was es mit seinen Schokoladen auf sich hat!
Ich hab sie meine Schokoladen probieren lassen, und sie hat mir bei jeder erzählt, woran sie der Geschmack erinnert und wie er zustande kommt.
Ich hab mir gedacht: „Das ist nicht möglich, wer ist dieses Mädchen, wo kommt sie her, wer hat sie mir geschickt?"
Ich erinnere mich, dass es dir richtig auf den Geist gegangen ist, dass ich immer alles wusste.
Also hast du mir eine Ganache vorgesetzt und mich herausfordernd angeguckt, so in der Art: „Das kriegst du NIE raus, Schätzchen!"
Und ich hab einfach gesagt: „Die ist wirklich sehr gut! Außerdem liebe ich Tonkabohnen!"
Er war PLATT!
Damals war die Tonkabohne kaum bekannt, und Ingrid ging mir auf die Nerven!
Aber gleichzeitig war ich komplett von den Socken!
Habt ihr einen angeborenen absoluten Geschmack?

Angeboren? Daran glaub ich nicht. Der Geschmackssinn entwickelt sich, das ist Arbeit!
Denk bloß zurück, mit welchen Tees du anfangs deine Ganaches gemacht hast.
Tees wie Spülmittel!
Zum Glück hast du mir Meister Tseng vorgestellt.
Meister Tseng?
Meister Tseng ist einer der größten Teespezialisten der Welt.
Er hat einen wunderbaren Laden in Paris.
Als ich ihn getroffen hab, hat er mich gefragt: „Was bedeutet Tee für Sie?"
Ich hab ein bisschen prätentiös und hochmütig geantwortet:
„Eine Tasse warmes Wasser."
Er hat mich angeguckt, und nachdem ich den ersten Tee probiert hatte, hab ich mich geschämt, das gesagt zu haben.
Deshalb ist es wichtig zu reden, sich mit anderen, neuen Menschen auszutauschen.
Wenn du die ganze Zeit in der eigenen Arbeit untertauchst, sind es solche Begegnungen, die dich AM LEBEN HALTEN.
Natürlich hab ich mich bei Meister Tseng entschuldigt und seitdem verwende ich seine Tees.
Andere Leute haben mir ihre Tees angeboten, ich habe alle abgelehnt!
Ich begehe keinen Verrat am Talent von Meister Tseng!

Mit Nachdenken haben wir dann doch einen besseren Untertitel gefunden.

DER KAKAO

VOM URSPRUNG DER SCHOKOLADE

Dienstag, 8. Juli, Flughafen Charles-de-Gaulle, 6 Uhr morgens.
Ich nehme das Flugzeug nach Lima, um Stéphane Bonnat zu treffen
und eine Kakaoplantage in Amazonien zu besichtigen.

Trotz der Zeitverschiebung bin ich froh, Elisa vorgestellt zu werden ... bei einem Teller Pulpo!
Das ist Elisa.
Guten Tag.
¡Hola Franckie!
¿Como estas?
Wir werden uns wohl auf Spanisch unterhalten müssen.
Der Zweck dieser Reise ist es, die Awajúns kennenzulernen, das ist ein Stamm in Amazonien.
„Sie haben darum gebeten, uns kennenzulernen."
Sie machen offenbar sehr guten Kakao.
„Und wenn alles gut geht, gibt es demnächst eine neue Bonnat-Schokolade!"
Schmeckt toll. Pulpo können sie gut in Peru!
Der Einfachheit halber wurde alles, was auf Spanisch gesagt wurde, ins Deutsche übersetzt und durch Anführungszeichen gekennzeichnet.
„Elisa, erzähl doch mal, worin besteht deine Arbeit für Stéphane?"
„Also, seit drei Jahren kümmere ich mich um die weltweiten Beziehungen zu den Verbänden der Kakaozüchter."
„Außerdem überwache ich, dass keine Kinder ausgebeutet werden und auf den Umweltschutz geachtet wird."
Cool, wann treffen wir die denn?
Vor dem Treffen haben wir noch ein ziemlich volles Programm.
Zuerst fliegen wir nach Chiclayo im Norden. Dann kommen acht Stunden Autofahrt auf Bergstraßen bis Bagua, wo wir an der Amazonika-Messe teilnehmen.
„In der Morgendämmerung weiter mit Pirogen. Wir besuchen die Gemeinde der Awajún-Indianer und besichtigen ihre Plantagen."
„In der Hoffnung, nicht auf Drogenhändler zu treffen."
...
„Die finden das gar nicht gut, dass die Züchter ihre Cocapflanzen durch Kakao ersetzen!"

Der nächste Tag gilt der Entdeckung von Lima. 100% Luftfeuchtigkeit, bedeckter Himmel, kein Tropfen Regen, man friert.
„Heute nacht um 4 Uhr treffen wir uns in der Hotelhalle und fahren zum Flughafen."
Du wirst schon sehen, was Schokolade alles bedeutet: Geschichte, Botanik, Entdeckungen, Reisen, Begegnungen mit Völkern, die im Dschungel leben.
Und auf der Plantage probieren wir dann Pflanzenschleim.
Wir probieren WAS?
So nennt man das Mark, das um die Kakaobohnen herum liegt.
Aha, okay!
Das hilft mir später dabei, die Kakaos auseinanderzuhalten.
Die Aromen, die ich im Rohzustand schmecke, muss ich später beim Rösten wiederfinden.
„Und außerdem ist Kakao gut für die Gesundheit!"
Er enthält viel Magnesium und Phenyletylamine.
Dadurch schläft man besser, ist weniger stressanfällig und leistungsfähiger.
Außerdem ist Kakao das einzige Produkt, das Schwermetalle eliminieren kann, gegen die der Organismus selbst nicht ankommt.
Das wusste ich nicht!

Tags drauf, 5 Uhr früh, Flughafen Lima. Wir treffen Vanadis, die sich um die Erstkontakte mit den peruanischen Stämmen kümmert und uns auf dem Rest unserer Expedition begleitet.
¡Hola!
Die mögen sich sehr!
¡Aaaayyyy!
¡Cuánto tiempo, amigaaa!
¡Mijitá! ¡Que bueno verte!!
vollkommen durch den Wind
Man muss nur eine Mexikanerin und eine Peruanerin im Morgengrauen an einem Flughafen zusammenführen, und schon hat man eine irre Party!
Nach der Ankunft in Chiclayo steigen wir in einen dschungeltauglichen Van um.
Louis, unser Chauffeur
Die extragroßen Stoßstangen sind gegen die wilden Tiere, oder?
M3R-731
Und los geht's, acht Stunden über Bergstraßen in Richtung Bagua.
Wie schön!
Die Straße ist halt nicht besonders …
Ankunft. Bagua ist ein bisschen Wilder Westen auf Peruanisch …
LITA FONSECA
HOTEL
Und es ist ordentlich heiß!
… nur statt der Pferde verkehren hier Dreiräder.

Nach der Konferenz mache ich mit Vanadis eine Tour über die Stände. Ich muss alle lokalen Produkte probieren: Kaffee, Käse, Joghurt, Kakao, amazonischen Fisch in Dosen oder getrocknet, gegrilltes Meerschweinchen, Chorizo ... Ich posiere sogar für ein paar Fotos.

Ich komme mir vor wie Jacques Chirac auf einer Landwirtschaftsmesse. (Später sollte mein Ego einen Tritt bekommen: Sie haben mich für Stéphane ausgegeben, damit der sich in Ruhe der Lokalpresse widmen konnte.)

Gegen 11 Uhr kommen wir in einem verlorenen amazonischen Dorf an, um in eine Piroge umzusteigen.

Nachdem wir nach dem Weg gefragt haben und einen kleinen Weg hochgeklettert sind, erreichen wir das Dorf...

Und sehen – was für eine Überraschung mitten im Dschungel – kleine Häuschen und Kinder, die uns angucken ...

Vanadis, die für die Erstkontakte zuständig ist, stellt uns gegenseitig vor. Der Chef der Gemeinde empfängt uns im Galaoutfit.

Man platziert uns an einem Tisch gegenüber den Dorfbewohnern. Wir müssen uns alle der Versammlung vorstellen. Stéphane und seine Leute haben jede Menge zu erzählen, aber dann bin ich an der Reihe ... Wie soll ich meine Anwesenheit erklären?
Zum Abschluss unserer Vorstellung dürfen wir Masato trinken, einen örtlichen Freundschaftstrunk, der in einer Schüssel von Hand zu Hand weitergereicht wird.
Ööhh ... ¡Hola a todos! „Kennt ihr TIM UND STRUPPI?"
Der Chef der Gemeinde übersetzt aus dem Spanischen in die lokale Sprache.
Was ist das?
Der Masato? Das ist zerkauter, vergorener Maniok.
Ihn nicht zu trinken wäre extrem unhöflich.
Da ich aber ein freundlicher Junge bin, probiere ich ein ganz kleines bisschen von der dicklichen weißen Flüssigkeit...
Ich geb die Schüssel schnell an meinen Nachbarn weiter, da stellen die Frauen auch schon das Essen auf den Tisch.
Okay ... das ist nur ein bisschen Maniok, der von ein paar Leuten zerkaut wurde, und vergoren ist er auch ...
Ich hoffe, dass sie nicht allzu lange drauf rumgekaut haben ...
SCHLUCK
Los, nur ein kleines Schlückchen ...
Handgemachte hölzerne Schüssel, die von Generation zu Generation weitergereicht wird
Denk dir einfach, es wär ein Becher Milch!
„Ich hoffe, du magst gegrillte Maden!"
Ansonsten auf der Karte: gekochte Wurzeln, Geflügel und ein paar kleine Fische ...
Überraschung!
Die sind voller Proteine!
Großer Gott ...

Nach diesen neuen kulinarischen Erfahrungen machen wir uns auf den Weg zur Plantage. Nach wenigen Minuten sind wir im erdrückend heißen Dschungel. Stéphane geht auf die erste Kakaopflanze zu, pflückt eine Schote und öffnet sie.

Stéphane öffnet eine zweite Schote, die er von einer anderen Kakaopflanze pflückt.

Und schließlich eine letzte, etwas tiefer in der Plantage.

Wir kehren ins Dorf zurück. Ich nutze die Gelegenheit und frage Stéphane, wie – auf den Plantagen, mit denen er zusammenarbeitet – die Ernte vor sich geht.

(1) Kaum geerntet, kommen die Bohnen in Fermentierkisten in unterschiedlicher Höhe. In dieser Phase, die fünf bis sieben Tage dauert, soll der Kakao seine Aromen entwickeln.

(2) Ist die gewünschte Temperatur dann erreicht, werden die Bohnen ein Stockwerk tiefer befördert, um den Fermentationszyklus zu beschleunigen.

(3) Wenn sie die letzte Kiste passiert haben, kommen die Bohnen in die Trocknung. Einige machen das auf dem Boden, andere in Gewächshäusern. Im Schnitt dauert es eine Woche, bis alles gleichmäßig trocken ist.

Nach dieser unglaublichen Zeit auf der Plantage sagen wir unseren Gastgebern Adieu und steigen wieder in die Piroge.
Schade, dass wir nicht mehr Zeit auf der Plantage verbringen konnten.
Ach, alles hat seine Zeit! Ich hab ja diesmal nur mit dem Chef gesprochen. Die anderen sind dann bei der zweiten oder dritten Reise dran.
Denkst du, du wirst mit ihnen arbeiten?
Das kann lange dauern. Sie werden ihre Entscheidung in ein paar Monaten treffen, vielleicht lehnen sie ab …
Ja, unser Rhythmus ist da ein bisschen anders.
Eben! Aber falls es was wird, werden wir die Plantage umorganisieren müssen. Wir müssen Bananenstauden pflanzen, die dem Boden Nährstoffe zuführen und die Kakaopflanzen vor der Sonne schützen. Die wachsen gern im Schatten anderer Pflanzen.
Und in drei Jahren können wir anfangen zu ernten.

Letztlich ist es ein bisschen wie beim Wein: Die Kakaopflanzen, die du suchst, haben eine Herkunft, eine Sorte, eine Region.
Ja, das ist nichts anderes als das, was mein Vater wollte: dass die Leute genau wie beim Wein die großen Gewächse unter den Kakaos entdecken.

Ich habe zwölf Kakaos aus Südamerika.

Und jeder hat seine Besonderheiten: Der Maragnan, zum Beispiel, wird gepresst wie Wein – mit nackten Füßen in einem Fass, um die Feuchtigkeit raus zu bekommen.

Flughafen Charles-de-Gaulle, ein paar Tage später.
Hallo, Schatz? Alles gut, ich hab's überlebt und bin zurück.
Und ich hab ein paar Leckereien mitgebracht. Magst du gegrillte Maden?
Ich steig in die S-Bahn und komm.
Die Rückkehr in die Zivilisation ist schwierig nach einer Woche Peru.
S-BAHN
Zum Glück hat mir Stéphane noch ein paar Tafeln Schokolade zugesteckt, bevor wir auseinandergegangen sind.
Schnell ein kleines Stück, und dann geht's dir wieder besser!
Und plötzlich rieche ich es wieder: das Aroma des Pflanzenschleims.
Zitrusnoten, Früchte ... Ich entdecke die verborgenen Aromen der Schokolade!

SCHLUSSWORT

EINE LEIDENSCHAFT, DIE EINEN AUFFRISST

Freitag, 29. August 2014. Ich mache einen letzten Besuch bei Jacques. Yannick, der Produktionschef, und Ingrid sind auch da. Wir wollen uns gemeinsam meine 110 Comicseiten anschauen …

Und dann lesen wir ... ein paar Stunden ... mit Unterstützung von fantastischen Patisserien und viel Schokolade!

Die im Atelier ausgebreiteten Seiten ziehen eine Menge neue Leser an ...
Und alle versuchen, sich selbst wiederzufinden ...
Rami, hast du gesehen? Das bist du!
Großer Gott!
Wie findest du dich?
Das Atelier ist sehr gut wiederzuerkennen!
Toll, und Rezepte sind auch drin ...
Hahaha, die Birne von William!
Na, hat sich doch gelohnt, ein Jahr mit uns zu verbringen, oder?
Es wird mir fürchterlich fehlen, dass ich nicht mehr, all die Schokolade ess... äääh... dass ich euch nicht mehr regelmäßig sehe ...
Aber meine Türen stehen dir doch immer offen!

Würdest du sagen, du hast viel gelernt?
Und ob! Ich habe meinen Gaumen geschult und den wahren Geschmack von Schokolade entdeckt.
Und ich habe gelernt, dass ein Qualitätsprodukt nur durch Anstrengungen und Leidenschaft ohne Ende zustande kommen kann ...
Tja, diese Investition muss man machen, wenn man seine Empfindungen ausdrücken und die Herzen der Menschen erreichen möchte.
Ich will sie verführen mit Knusper, mit Cremigkeit, mit Wohlgeschmack und Sinnlichkeit ...
Es ist dieser Austausch mit anderen, das Bedürfnis zu teilen, über das ich mich definiere!

Mich hast du in jedem Fall auch beeinflusst. Früher hab ich meine ganze Schokolade für mich behalten ...
Aha?
... aber jetzt macht es mir Spaß, deine Ganaches, deine Pralinen und Stéphans Tafeln mit den Menschen um mich herum zu teilen!
Dann hast du ja das Wichtigste begriffen: „Großzügigkeit!"
Aber alle Geheimnisse der Schokolade habe ich immer noch nicht durchblickt.
Ich lerne auch noch jeden Tag dazu!
Das ist eine unendliche Geschichte ...
Das trifft sich gut, ich habe unendlichen Hunger!
Paris, 14. September 2014.